Odkryj sztua wykwintn
tartlets

100 przepysznych przepisów na każdą okazję

Robert Mazur

Materiał praw autorskich

©2023 GILBERT CA

Wszelkie prawa zastrzeżone

Żadna część tej książki nie może być używana ani przekazywana w jakiejkolwiek formie i w jakikolwiek sposób bez odpowiedniej pisemnej zgody wydawcy i właściciela praw autorskich, z wyjątkiem krótkich cytatów użytych w recenzji. Tej książki nie należy traktować jako substytutu porady medycznej, prawnej ani innej profesjonalnej porady.

SPIS TREŚCI

SPIS TREŚCI..3
WSTĘP...8
SKÓRA I SKÓRY...10
1. Podstawowy kruchy placek....................................11
2. Niekurczliwa słodka tarta skorupa.........................14
3. Skorupki z tarty serowej...17
4. Tarta z mąki kukurydzianej....................................19
5. Muszle tarty o dowolnym kształcie.......................21
6. Spód czekoladowy..23
7. Ciasto Grahama..25
8. Muszle Mini Tarta..27
9. Francuska tarta na słodko......................................30
10. Skorupki z serem śmietankowym........................32
11. Tartletowe skorupki z orzechów włoskich..........34
12. Skorupki z tarty filo..36
13. Kruche ciasto na tartę..38
14. Tarta bez jajek..41
15. Tarta Pełnoziarnista..44
TARTY CZEKOLADOWE..46
16. Tarta truflowa z sosem espresso..........................47
17. Tarta z ciemnej czekolady z imbirowym ciastem..........50
18. Czekoladowa tarta brownie..................................53
19. Tarty z masłem czekoladowym............................56
20. Mini tarty czekoladowo-kokosowe......................58

21. Tarta czekoladowo-orzechowa............60
22. Czekoladowa tarta z mascarpone i orzechami............63
23. Miniaturowe tarty czekoladowe............67
24. Czekoladowa tarta truflowa z malinami............69
25. Tarta z żurawiną i białą czekoladą............72
26. Tarta z podwójnym kremem czekoladowym............75
27. Pyszna tarta czekoladowa............78
28. Tarta ze świeżych owoców i czekolady............81
29. Pikantna tarta czekoladowa............84
30. Tarta z musem z białej czekolady i truskawek............86
31. Szwedzkie tarty królewskie z deserem czekoladowym..89
32. Tarta z kremem bananowym z białą czekoladą............92
33. Zła tarta z gorzkiej czekolady............95
TARTY Z MORZA MORZA............98
34. Alaskańskie tarty z owocami morza............99
35. Tarta z raków i pikantnego sera............102
36. Tarta z przegrzebkami i serem pleśniowym............104
37. Kremowa tarta z wędzonym łososiem i koperkiem.....106
38. Norweskie tarty z łososiem............109
39. Małe tarty z wędzonym łososiem............112
40. Świąteczne tarty z krewetkami............114
41. z krewetkami, cebulą i pomidorami............116
42. Krewetkowe tarty koktajlowe............119
TARTY ORZECHOWE............121
43. Tarta migdałowa............122
44. Meksykańska tarta czekoladowa z pikantnymi orzechami pekan............125

45. Tarta Frangipane Z Sezonowymi Owocami..................128
46. Tarta Bakewell..131
47. Tarta jabłkowo-orzechowa......................................133
48. Tarta morelowa z orzechami makadamia.........................136
49. Tarta z kremem jeżynowo-orzechowym...........................139
50. Tarta marchewkowo-orzechowa..................................143
51. Tarta karmelowo-orzechowa....................................145
52. Orzechowe tarty owocowe......................................148
53. Pomarańczowa tarta z orzechami brazylijskimi.................150
54. Tarta z orzeszkami piniowymi.................................153
TARTY OWOCOWE..155
55. Tarty migdałowo-morelowe.....................................156
56. Tarta ze śliwkami alzackimi..................................158
57. tarta jabłkowa...160
58. Tarta tatin z jabłkami i rodzynkami..........................163
59. Tarta jabłkowo-cynamonowa....................................165
60. Odwrócona tarta jabłkowo-żurawinowa..........................167
61. Tarta jabłkowo-malinowa......................................169
62. Tarta Jagodowa Maślanka......................................172
63. Tarta z mieszanymi owocami...................................175
64. Świąteczne tarty owocowe.....................................177
65. Tęczowa tarta owocowa..179
66. Tarta owocowa z kremem waniliowym............................182
67. Paryska tarta owocowa..184
68. Premierowa tarta z białymi owocami...........................187
TARTA WARZYWNA...189
69. Alpejska tarta ziemniaczana..................................190

70. Tarta z karczochami..192
  71. Tarta Sernikowa z Dyni...195
72. Pieczone tarty warzywne...197
73. Brioche z pieczonymi warzywami i kozim serem........199
74. Pikantna tarta warzywna..202
75. Tarta z kremem warzywnym.....................................205
TARTY SEROWE..208
76. Tarta z serem alzackim...209
77. Tarty sernikowe Amaretto..211
78. Tarta z belgijskim serem..213
79. Tarta z papryką i serem...215
80. Serowa tarta śniadaniowa..218
81. Kremowa tarta z czosnkiem i serem.........................221
82. Tarta serowa curry i chutney...................................223
83. Francuska tarta serowa..225
84. Tarta z kozim serem i szpinakiem.............................228
85. Złota tarta ananasowo-serowa.................................230
86. Winogrona duch tarta porzeczkowa z serem fontina..233
87. Tarty z serem ziołowym...235
88. Śródziemnomorska tarta serowa..............................238
89. Tarty cytrynowo-serowe..241
90. Tarta z serkiem papaja i orzechami makadamia........243
91. Tarta z serem ricotta i szpinakiem...........................246
92. Tarta serowa z południowego zachodu....................248
TARTA Z GRZYBAMI..250
93. Egzotyczna tarta z pieczarkami................................251
94. Delikatne tarty z pieczarkami...................................254

95. Grillowana tarta z bakłażanem i pieczarkami..............256
96. Tarty filo z pieczarkami...................................259
97. Tarta z pieczarkami dymnymi..............................262
98. Potrójna tarta z pieczarkami..............................265
99. Tarta z grzybami leśnymi i kozim serem....................267
100. Tarta z grzybami leśnymi i pecorino......................270
WNIOSEK..272

WSTĘP

Powitanie! Ta książka kucharska ma za zadanie rozpalić w Tobie pasję do tworzenia pysznych tart i tartaletek, które zrobią wrażenie na rodzinie i przyjaciołach. Niezależnie od tego, czy jesteś doświadczonym piekarzem, czy dopiero zaczynasz swoją kulinarną podróż, ta książka poprowadzi Cię przez sztukę robienia od podstaw nieodpartych wypieków.

Na tych stronach znajdziesz skarbnicę przepisów, starannie wyselekcjonowanych, aby oferować różnorodną gamę smaków i stylów. Od klasycznych tartletów owocowych pełnych produktów sezonowych po pikantne tartaletki pełne wykwintnych składników — każdy znajdzie coś dla siebie. Naszym celem jest dostarczenie wiedzy i technik niezbędnych do uzyskania idealnie wypieczonych, złocistych skórek i soczystych nadzień, które sprawią, że wszyscy będą wracać po więcej.

Każdemu przepisowi towarzyszą instrukcje krok po kroku, pomocne wskazówki i piękne zdjęcia, które zainspirują Cię i poprowadzą Cię po drodze. Dowiesz się, jak opanować sztukę tworzenia łuszczącej się i maślanej skórki, poznasz różne opcje nadzienia i poeksperymentujesz z unikalnymi kombinacjami smakowymi, które podniosą twoje umiejętności robienia tart na nowy poziom.

Niezależnie od tego, czy organizujesz eleganckie przyjęcie, przygotowujesz specjalny deser dla ukochanej osoby, czy po prostu pozwalasz sobie na słodki poczęstunek, przepisy zawarte w tej książce kucharskiej zmienią Twoje pieczenie w niezapomniane doznania kulinarne. Łapcie więc za wałek do ciasta, otrzepcie fartuch i ruszajmy w cudowną podróż po świecie tart i tartaletek!

SKÓRA I SKÓRY

1. Podstawowy kruchy placek

Składniki: 1 tarta muszla

SKŁADNIKI:
- 8 łyżek niesolonego masła, zimnego
- 1 ⅓ szklanki + 4 łyżki mąki tortowej
- ¼ łyżeczki soli
- 2 ½ do 3 ½ łyżki lodowatej wody
- 1 ½ łyżeczki octu jabłkowego Opcjonalnie
- ⅛ łyżeczki proszku do pieczenia

INSTRUKCJE:
a) Podziel masło na dwie części, mniej więcej dwie trzecie do jednej trzeciej.
b) Pokrój masło w ¾-calowe kostki.
c) Owiń każdą porcję masła folią, włóż większą ilość do lodówki i zamroź mniejszą przez co najmniej 30 minut.
d) Umieść mąkę, sól i proszek do pieczenia w torebce do zamrażania o pojemności galona i zamrażaj przez co najmniej 30 minut.
e) Dodaj większą ilość kostek masła do mąki i mieszaj przez około 20 sekund lub do momentu, aż mieszanina będzie przypominać gruby posiłek.
f) Dodaj pozostałe zamrożone kostki masła i pulsuj, aż całe zamrożone masło będzie wielkości groszku.
g) Dodaj najmniejszą ilość lodowatej wody i octu i pulsuj 6 razy. Szczypta niewielką ilość mieszanki między palcami.
h) W przypadku małych 1-calowych tartaletek pomiń proszek do pieczenia i pozwól przetwarzaniu kontynuować tylko do momentu uformowania się kulki.
i) Wlej mieszaninę do plastikowej torby.
j) Trzymając palcami oba końce otworu torebki, ugniataj mieszankę, naprzemiennie naciskając ją od zewnętrznej strony torebki knykciami i piętami dłoni, aż mieszanina będzie trzymać się razem w jednym kawałku i będzie lekko rozciągliwa po pociągnięciu.

k) Owiń ciasto folią spożywczą, spłaszcz je w dysk i wstaw do lodówki na co najmniej 45 minut.

2. Niekurczliwa słodka tarta skorupa

Sprawia: wystarczy na jedną 9-calową tartę

SKŁADNIKI:
- 1 ½ szklanki mąki uniwersalnej
- ½ szklanki cukru pudru
- ¼ łyżeczki soli
- 1 patyk plus 1 łyżka niesolonego masła, pokrojonego na małe kawałki
- 1 duże jajko

INSTRUKCJE:
a) Zmiksuj mąkę, cukier i sól w misce robota kuchennego. Rozłóż kawałki masła na suche składniki i pulsować, aż masło zostanie grubo pokrojone.
b) Mieszaj żółtko, aby je rozbić, i dodawaj po trochu, pulsując po każdym dodaniu.
c) Gdy jajko jest w środku, przetwarzaj długimi impulsami – około 10 sekund każdy – aż ciasto, które wkrótce po dodaniu jajka będzie wyglądać na ziarniste, utworzy grudki i twaróg. Tuż przed osiągnięciem tego etapu dźwięk maszyny pracującej nad ciastem zmieni się – uwaga do góry.
d) Przełóż ciasto na powierzchnię roboczą i bardzo lekko i oszczędnie zagniataj ciasto, aby cokolwiek zawierało suche składniki które mogły uniknąć mieszania. Schłodzić ciasto zawinięte w folię przez około 2 godziny przed wałkowaniem.
e) Aby rozwałkować ciasto: posmaruj masłem 9-calową karbowaną tartę z wyjmowanym dnem.
f)
g) Rozwałkuj schłodzone ciasto na oprószonym mąką arkuszu papieru pergaminowego na 12-calowy okrągły placek, od czasu do czasu podnosząc i obracając ciasto, aby uwolnić je od papieru.
h) Używając papieru jako pomocy, zamień ciasto w tortownicę o średnicy 9 cali z wyjmowanym dnem; odkleić papier.
i) Uszczelnij wszelkie pęknięcia w cieście.

j) Przytnij zwis dwa ½ cala. Złóż nawis, tworząc podwójne grube boki.

k) Całość nakłuwamy widelcem.

l) Alternatywnie można wcisnąć ciasto od razu po przygotowaniu: równomiernie docisnąć dno i boki formy do tarty.

m) Zamroź skórkę przez co najmniej 30 minut.

n) Aby całkowicie lub częściowo upiec skórkę: Wyśrodkuj stojak w piekarniku i rozgrzej piekarnik do 375 stopni F. Posmaruj masłem błyszczącą stronę kawałka folii aluminiowej i dopasuj folię posmarowaną masłem stroną do dołu, ściśle przylegając do skórki.

o) A oto najlepsza część: ponieważ zamroziłeś skórkę, możesz ją upiec bez ciężarków. Umieść formę do tarty na blasze do pieczenia i piecz ciasto przez 20 do 25 minut.

p) Ostrożnie zdejmij folię. Jeśli skórka się nadmuchała, dociśnij ją delikatnie grzbietem łyżki.

q) Piecz skórkę około 10 minut dłużej, aby całkowicie się upiekła lub do momentu, gdy będzie twarda i złocistobrązowa.

r) Przenieś patelnię na stojak i ostudź skórkę do temperatury pokojowej.

3. Skorupki z tarty serowej

Porcje: 4 porcje

SKŁADNIKI:
- ½ szklanki Skrócenie Warzyw
- 5 uncji serek amerykański do smarowania; 1 słoik
- 1½ szklanki Niewybielona mąka

INSTRUKCJE:
a) Połącz tłuszcz piekarski i ser w misce.
b) Posiekaj mąkę w mieszance serowej dwoma nożami, aż dobrze się połączą.
c) Uformować roladę o średnicy 1¼ cala i długości 12 cali.
d) Całkowicie owiń woskowanym papierem lub plastikową folią.
e) Przechowywać w lodówce przez 1 godzinę lub dłużej. Rozgrzej piekarnik do 375 stopni F.
f) Wyjąć ciasto z lodówki i rozpakować. Pokrój w plastry o grubości ⅛ cala.
g) Używając 12 foremek na muffiny lub 3-calowych foremek do tart, umieść 1 kawałek ciasta na dnie każdego z nich.
h) Nałóż 5 plasterków na zewnątrz każdego z nich.
i) Delikatnie ściśnij je razem. Spód i boki nakłuć widelcem.
j) Piec przez 18 do 20 minut w nagrzanym piekarniku do lekkiego zarumienienia.
k) Ostudzić na patelni na stojaku i delikatnie wyjąć muszle, gdy będą zimne w dotyku.

4. Tarta z mąki kukurydzianej

Porcja: 1 porcja

SKŁADNIKI:
- 2½ szklanki mąka kukurydziana
- 1 łyżeczka sól
- 1 trzymać zimne niesolone masło; pociąć na kawałki
- 6 łyżek tłuszcz roślinny stały; zimno
- 5 łyżek Lodowata woda

INSTRUKCJE:
a) Połącz mąkę i sól w misce. Używając rąk, wymieszaj masło i tłuszcz piekarski z mąką, aż mieszanina będzie przypominać gruboziarniste okruchy. Spryskaj mieszaninę lodowatą wodą po 1 lub 2 łyżkach stołowych na raz. Zbierz ciasto w kulę. Obróć ciasto na oprószoną mąką powierzchnię.

b) Nasadą dłoni zagnieść ciasto, dzięki temu masło i tłuszcz piekarski zostaną zmieszane, a ciasto będzie bardziej kruche. Przechowywać w lodówce przez 30 minut. Rozwałkuj ciasto na posypanej mąką powierzchni na okrąg o średnicy 14 cali i grubości ⅛ cala.

c) Delikatnie złóż koło ciasta na pół, a następnie ponownie na pół, aby można je było podnieść bez rozdzierania, i rozłóż je na 9-calowej blasze do tarty.

5. Muszle tarty o dowolnym kształcie

Porcje: 4 porcje

SKŁADNIKI:
- 1 jajko wymieszane z 1 łyżeczką wody
- ¼ szklanki cukru pudru
- 1 szklanka mąki
- ¼ łyżeczki soli
- ⅛ łyżeczki proszku do pieczenia
- 8 łyżek niesolonego masła

INSTRUKCJE:
a) W robocie kuchennym połącz cukier, mąkę, sól i proszek do pieczenia.
b) Gdy dobrze się połączy, dodaj masło i pulsuj maszynę, aż masło rozpuści się w mieszance mąki.
c) Dodaj jajko i wodę i mieszaj, aż ciasto utworzy ciasto.
d) Przenieś ciasto na woskowany papier; uformuj płaski placek i wstaw do lodówki na 30 do 45 minut lub do czasu, aż się zrelaksuje i będziesz mógł go rozwałkować.
e) Ciasto podzielić na około 8 równych kawałków.
f) Rozwałkuj kawałki na lekko posypanej mąką desce.
g) Zamiast kłopotać się wpasowywaniem ich w muszle tartaletów i ich wstępnym pieczeniem, po prostu uformuj je w szorstkie rundy lub pokrój w serca lub prostokąty.
h) Przenieś dowolne kształty na blachę do pieczenia i schładzaj przez 20 minut, rozgrzewając piekarnik do 400 stopni.
i) Ciasto nakłuwamy widelcem, aby ciasto nie nabrzmiewało.
j) Piec przez 10 do 12 minut lub do momentu, aż krawędzie będą brązowe.
k) Wyjmij je z piekarnika na kratkę i pozwól im ostygnąć.
l) Gdy całkowicie ostygnie, posyp to, co lubisz.

6. Spód czekoladowy

Robi: 1 ciasto na ciasto

SKŁADNIKI:
- ¾ porcji Czekoladowego Okruchu
- 8 g cukru
- 0,5 g soli koszernej
- 14 g masła, stopionego

INSTRUKCJE:
a) Pulsuj okruchy czekolady w robocie kuchennym, aż będą piaszczyste i nie pozostaną żadne duże skupiska.
b) Przenieś piasek do miski i rękami wymieszaj z cukrem i solą.
c) Dodaj stopione masło i ugniataj je w piasku, aż będzie wystarczająco wilgotne, aby uformować kulę.
d) Przenieś mieszaninę do 10-calowej tortownicy.
e) Palcami i dłońmi wciśnij mocno czekoladową skórkę do formy, upewniając się, że dno i boki tortownicy są równomiernie pokryte.
f) Zawinięte w folię, ciasto można przechowywać w temperaturze pokojowej do 5 dni lub w lodówce przez 2 tygodnie.

7. Ciasto Grahama

Składniki: 2 filiżanki

SKŁADNIKI:
- 190 g okruchów krakersów graham
- 20 gramów mleka w proszku
- 25 g cukru
- 3 g koszernej soli
- 55 g masła, stopionego
- 55 g gęstej śmietany

INSTRUKCJE:

a) Wrzuć okruchy grahamki, mleko w proszku, cukier i sól rękami do miski, aby równomiernie rozprowadzić suche składniki.

b) Ubij razem masło i śmietankę kremówkę.

c) Dodaj do suche składniki i wrzuć ponownie, aby równomiernie rozprowadzić.

8. Muszle Mini Tarta

Porcja: 20-22 mini muszli

SKŁADNIKI:
- 3 szklanki mąki uniwersalnej
- ⅛ łyżeczki soli
- 1 ¼ szklanki cukru pudru
- 3 żółtka
- 2 łyżeczki pasty waniliowej lub ekstraktu waniliowego
- 2 kostki niesolonego masła

INSTRUKCJE:
a) Mąkę i sól przesiać. Odłożyć na bok.
b) W mikserze wyposażonym w nasadkę do płatków ubij niesolone masło o temperaturze pokojowej i cukier puder na gładką masę.
c) W małym naczyniu wymieszaj żółtka i pastę z laski wanilii lub ekstrakt waniliowy.
d) Stopniowo ubijaj mieszaninę żółtek z masłem.
e) Zeskrob miskę kilka razy w razie potrzeby.
f) Na niskich obrotach stopniowo dodawaj mąkę do masy maślanej.
g) Mieszaj, aż zacznie się łączyć. Jeśli ciasto jest zbyt kruche, dodać 1 łyżeczkę mleka.
h) Odwróć ciasto na czystą powierzchnię roboczą lub do miski i zbierz ciasto rękami w kulę.
i) Następnie z ciasta uformować dysk, zawinąć w folię i schłodzić przez 1 do 2 godzin
j) Rozgrzej piekarnik do 350F.
k) Umieść foremki do mini tart na blasze do pieczenia. Spryskaj sprayem nieprzywierającym i odłóż na bok.
l) Wyjąć schłodzone ciasto, przekroić na pół. Pozwól mu zmięknąć przez 5 minut.
m) Rozwałkuj między 2 arkuszami pergaminu lub użyj Dough EZ Mat.
n) Rozwałkuj za pomocą prowadnic rolkowych ⅛ cala.
o) Wytnij jak najwięcej kółek. Zbierz skrawki i ponownie rzuć.

p) Uformować tartaletki i widelcem nakłuć dno muszli.
q) Piec w temperaturze 350 F przez 12-14 minut, aż będą złote na brzegach.

9. Francuska tarta na słodko

Składniki: 1 tarta muszla

SKŁADNIKI:
- 1 ½ szklanki mąki, zwykłej/uniwersalnej
- 6 ½ łyżki miękkiego cukru pudru
- 2 ½ łyżki mąki migdałowej
- ¼ łyżeczki soli
- 100g / 7 łyżek masła niesolonego, zmiękczonego, pokrojonego
- 1 duże jajko w temperaturze pokojowej

INSTRUKCJE:
a) W misce wymieszaj mąkę, cukier puder, sól i mąkę migdałową.
b) Opuszkami palców wetrzyj w nie masło suche składniki aż będzie przypominać bułkę tartą.
c) Mieszaj gumową szpatułką, aż stanie się zbyt trudne do mieszania, a następnie użyj rąk, aby połączyć je w ciasto.
d) Przełóż ciasto na blat, a następnie ugniataj, aby uzyskać gładką kulę.
e) Rozwałkuj na dysk o grubości 2 cm. Owiń folią spożywczą i wstaw do lodówki na 30 minut.
f) Rozwiń schłodzone ciasto. Umieść na lekko posypanej mąką powierzchni roboczej.
g) Rozwałkuj na 13-calowy okrąg.
h) Ciasto lekko rozwałkuj na wałku. Następnie delikatnie rozwałkuj na blasze do tarty.
i) Wyrównaj ciasto tak, aby pasowało do formy na tartę, dopasowując się do rogu, uważając, aby go nie rozciągać.
j) Przetocz wałek do ciasta po blasze do tarty, aby odciąć nadmiar ciasta.
k) Spód ciasta nakłuwamy widelcem 30 razy.
l) Schłodzić ciasto w foremce do tarty przez 30 minut.

10. Skorupki z serem śmietankowym

Robi: 24

SKŁADNIKI:
- 3 uncje sera śmietankowego, zmiękczonego
- ½ szklanki miękkiego masła
- 1 Mąkę o wszechstronnym przeznaczeniu

INSTRUKCJE:
a) Serek śmietankowy zmiksować z masłem lub margaryną. Mieszaj mąkę tylko do połączenia. Schłodzić przez około 1 godzinę.
b) Rozgrzej piekarnik do 325 stopni F.
c) Uformuj z ciasta 24 jednocalowe kulki i wciśnij do nienatłuszczonych 1,5-calowych foremek na muffiny, aby uzyskać płytką skorupę.
d) Napełnij ulubionym nadzieniem i piecz przez 20 minut lub do momentu, aż skórka będzie jasnobrązowa.

11. Tartletowe skorupki z orzechów włoskich

Robi: 12

SKŁADNIKI:
- 2 szklanki mąki uniwersalnej plus więcej do wałkowania ciasta
- ¼ łyżeczki soli
- ½ szklanki orzechów włoskich
- ¾ szklanki niesolonego masła, schłodzonego i pokrojonego na małe kawałki

INSTRUKCJE:
a) Umieść mąkę, sól i orzechy włoskie w misce robota kuchennego.
b) Pulsuj, aż orzechy będą małe, ale nie drobne.
c) Dodaj masło i pulsuj, aż mieszanina będzie przypominać mały groszek, około 15 sekund.
d) Przy pracującej maszynie wlej ¼ szklanki lodowatej wody przez rurkę zasilającą.
e) Pulsuj, aż ciasto zacznie się łączyć, gdy naciskasz je palcami.
f) Z ciasta uformować kulę. Spłaszczyć w dysk i zawinąć w folię.
g) Przełożyć do lodówki, schładzać przez co najmniej 1 godzinę.
h) Ustaw dwadzieścia cztery 2-calowe patelnie na tartaletki na blasze do pieczenia.
i) Lekko odkurzyć czystą powierzchnię roboczą mąką. Rozwałkuj ciasto na grubość ⅛ cala. Za pomocą noża do parowania pokrój ciasto na dwadzieścia cztery kwadraty nieco większe niż patelnie.
j) Wciśnij ciasto do foremek i odetnij wystające ciasto.
k) Umieść drugą blachę do tartaletek na wierzchu każdej wyłożonej blaszką, obciążając ciasto.
l) Schładzaj jeszcze 30 minut.
m) Rozgrzej piekarnik do 375 stopni.
n) Piec muszle, aż lekko zbrązowieją na brzegach, około 10 minut.
o) Usuń górne patelnie i kontynuuj pieczenie, aż się ugotuje i zrumieni, jeszcze 12 do 15 minut.
p) Wyjmij muszle i przenieś je na stojaki z drutu, aby ostygły. Duże muszle w hermetycznym pojemniku do 3 dni.

12. Skorupki z tarty filo

Robi: 12

SKŁADNIKI:
- 1 rolka mrożonego ciasta filo rozmrożonego
- ½ kija masło, stopione

INSTRUKCJE:
a) Rozgrzej piekarnik do 375.
b) Rozłóż ciasto filo na desce do krojenia. Użyj koła do pizzy, aby pokroić go na sześć kwadratów.
c) Przykryć wilgotnym ręcznikiem papierowym.
d) Posmaruj wnętrze dwóch foremek na muffinki roztopionym masłem.
e) Odkryj 1 stos kwadratów.
f) Posmaruj jeden arkusz roztopionym masłem i włóż do formy na muffiny i poklep.
g) Powtórz to z pięcioma arkuszami.
h) Piec w piekarniku nagrzanym do 375 stopni przez 8 minut lub do uzyskania złotego koloru.

13. Kruche ciasto na tartę

Sprawia: Jeden 10-calowy tarty spód

SKŁADNIKI:
DO CIASTA
- 12 łyżek zimnego masła pokrojonego w kostkę
- ⅔ szklanki cukru pudru
- 2 żółtka
- 2 filiżanki mąki uniwersalnej

DO MYCIA JAJ
- 1 jajko
- 1 łyżka wody

INSTRUKCJE:
a) Umieść masło, cukier puder i żółtka w misie robota kuchennego wyposażonego w ostrze.
b) Pulsuj, aż składniki się połączą, ale nadal będą nakrapiane masłem.
c) Dodaj mąkę i uruchom maszynę, aż ciasto się połączy, gdy ściskasz je między palcami.
d) Przełóż ciasto na duży kawałek pergaminu, ugniataj kilka razy, aby wszystko się połączyło, i ulep je w kształt dysku.
e) Zawinąć dobrze w pergamin i schłodzić przez około pół godziny.
f) Rozgrzej piekarnik do 350 ° F ze stojakiem pośrodku.
g) Wyjmij ciasto z lodówki i pozostaw na blacie na 15 minut.
h) Posyp trochę mąki blatem roboczym i powierzchnią ciasta.
i) Rozwałkuj ciasto za pomocą wałka do ciasta na około 12-calowy okrąg.
j) Bardzo ostrożnie przenieś ciasto do 10-calowej tortownicy z wyjmowanym dnem, lekko dociskając ciasto, aby ściśle przylegało do dna i boków formy.
k) Cały spód muszli nakłuwamy widelcem. Całość ułożyć na blasze do pieczenia.
l) Umieść kawałek pergaminu na muszli, upewniając się, że zakrywa krawędzie.

m) Rozłóż dużo suszonej fasoli lub obciążników na pergaminie, pokrywając całe dno tartej skorupy.
n) Piecz w ten sposób przez 15 minut, następnie usuń pergamin i fasolę.
o) Posmaruj skorupkę odrobiną roztrzepanego jajka.
p) Ponownie włóż skorupę do piekarnika na co najmniej 10 minut.
q) Wyjąć z piekarnika i całkowicie ostudzić przed napełnieniem.

14. Tarta bez jajek

sprawia, że: 9,5-calowa tarta skórka

SKŁADNIKI:
- 1 ¼ szklanki 175 g mąki uniwersalnej
- ⅓ szklanki 40 g cukru pudru
- ¼ łyżeczki soli koszernej
- ½ szklanki 115 g niesolonego masła, zimnego i pokrojonego w kostkę
- 1 łyżka 15 ml skondensowanego mleka
- 2 łyżeczki 10 ml gęstej śmietany
- 1 łyżeczka 5 ml czystego ekstraktu waniliowego

INSTRUKCJE:
Zrób ciasto:
a) Umieść mąkę, cukier i sól w misce robota kuchennego, miksera stojącego lub miski; puls do połączenia.
b) Dodaj posiekane masło i mieszaj w krótkich seriach, aż mieszanina będzie przypominać gruboziarnistą mąkę lub drobną bułkę tartą.
c) Przy włączonym silniku dodać odparowane mleko, śmietanę i wanilię i przetwarzać/mieszać/mieszać, aż ciasto zbierze się w kulę i będzie odchodzić czysto od ścianek miski.
d) Ręcznie: wymieszać suche składniki w dużej misce.
e) Użyj noża do ciasta lub dwóch noży, aby pokroić masło w mieszankę mąki, aż konsystencja będzie przypominać gruboziarnistą mąkę kukurydzianą.
f) Następnie dodajemy mokre składniki i mieszamy widelcem tylko do połączenia się ciasta.
g) Obróć ciasto na lekko posypaną mąką powierzchnię.
h) Zagnieć ciasto i spłaszcz je na kształt naczynia. Zawiń w folię spożywczą i wstaw do lodówki na 1 godzinę.
i) Na lekko oprószonym mąką blacie rozwałkuj ciasto.
j) Posmaruj wałek mąką, rozwałkuj luźno wokół niego ciasto, a następnie rozwałkuj je w formie do tarty.

k) Użyj palców, aby ułożyć ciasto i delikatnie poklep ciasto równomiernie po dnie i bokach formy do tarty, zamiast ciągnąć lub rozciągać.
l) W razie potrzeby uszczelnij wszelkie pęknięcia w cieście.
m) Odetnij nadmiar ciasta ostrym nożem lub wałkiem do ciasta, przetaczając go po blasze do tarty.
n) Widelcem delikatnie nakłuć podstawę kilka razy.
o) Przykryj formę do tarty folią spożywczą i wstaw do zamrażarki na około 30 minut.
p) Rozgrzej piekarnik do 400º F.
q) Schłodzony spód tarty wyłożyć podwójną warstwą papieru do pieczenia lub folii aluminiowej.
r) Wypełnij ciasto obciążnikami do ciasta.

UPIEC:
s) Piec w temperaturze 400º F przez 15 – 18 minut lub do momentu, aż brzegi się zetną, a papier/folia przestanie przyklejać się do ciasta.
t) Wyjmij spód tarty z piekarnika. Usuń obciążniki i papier.
u) Aby częściowo upiec ciasto: Po zdjęciu ciężarków piec jeszcze 5 minut.
v) Aby całkowicie upiec skórkę: Po zdjęciu ciężarków piecz jeszcze około 10 – 12 minut, aż będą złociste i chrupiące.
w) Przenieś na metalową podstawkę i pozostaw do całkowitego ostygnięcia przed napełnieniem.

15. Tarta Pełnoziarnista

Tworzy: 9-calową tartę

SKŁADNIKI:
- ¾ szklanki margaryny
- 1 ½ szklanki mąki pełnoziarnistej
- ½ łyżeczki soli
- 4 łyżki lodowatej wody lub w razie potrzeby

INSTRUKCJE:
a) Rozgrzej piekarnik do 350 stopni F.
b) Umieść margarynę w misce ze stali nierdzewnej.
c) Mieszaj za pomocą miksera elektrycznego wyposażonego w nasadkę łopatkową na niskiej prędkości, aż będzie lekko miękka.
d) Wlać mąkę i sól; kontynuuj mieszanie z małą prędkością, aby połączyć.
e) Stopniowo wlewaj wodę z lodem, aż powstanie ciasto.
f) Ciasto podzielić na pół. Zawiń jedną porcję ciasta w folię i przechowuj w lodówce do późniejszego wykorzystania.
g) Drugą część ciasta rozwałkować na lekko oprószonym mąką blacie za pomocą lekko oprószonego mąką wałka do ciasta.
h) Uformować w 9-calowej formie do tarty. Spód ciasta nakłuwamy równomiernie widelcem.
i) Piec w nagrzanym piekarniku, aż skórka lekko się zarumieni, od 10 do 15 minut.

TARTY CZEKOLADOWE

16. Tarta truflowa z sosem espresso

Porcja: 1 porcja

SKŁADNIKI:
- 1½ szklanki okruchów czekoladowego wafla
- 6 łyżek słodkiego masła

POŻYWNY:
- 12 uncji półsłodkiej czekolady
- ½ szklanki gęstej śmietany
- 1 kostka słodkiego masła,
- Pokrój w kostkę i zmiękcz
- 2 łyżki likieru Kahlua
- 1 Szczypta soli

SOS:
- ½ szklanki śmietany kremówki
- 4 łyżki cukru
- ¼ szklanki masła
- 1 łyżeczka drobno zmielonego espresso
- 1 łyżeczka kawy

INSTRUKCJE:

a) Zmiażdż lub zmiel drobne czekoladowe wafle w robocie kuchennym. Rozpuść masło i zmiksuj na okruchy. Przełożyć do tortownicy lub tortownicy. Schłodzić, aż stanie się twarda przed napełnieniem lub piec w 300 stopniach przez 15 minut, ostudzić i napełnić.

b) Nadzienie: W dużym rondlu połącz czekoladę, śmietankę, masło i Kahlua i podgrzej mieszaninę na umiarkowanie małym ogniu, mieszając, aż będzie gładka. Zdjąć z ognia i pozostawić do ostygnięcia na 30 minut w temperaturze pokojowej.

c) Wlać do schłodzonej formy do tarty i wstawić do lodówki na co najmniej 3 godziny.

d) Sos: W rondelku wymieszaj śmietanę, cukier i masło. Gotować na małym ogniu, często mieszając, aż masa się zagotuje. Gotować przez 5 minut, od czasu do czasu mieszając. Zdjąć z ognia. Wmieszaj fusy expresso.

e) Aby podać, nałóż umiarkowaną ilość ciepłego sosu na talerz z obrzeżem. Góra z kawałek tarty.

17. Tarta z ciemnej czekolady z imbirowym ciastem

Porcje: 10 porcji

SKORUPA:
- 8 uncji ciasteczek imbirowych, grubo połamanych
- ¼ szklanki solonego masła, stopionego

POŻYWNY:
- 12 uncji gorzkiej czekolady, drobno posiekanej
- 1 szklanka gęstej śmietanki kremówki
- 2 duże żółtka
- 1 duże jajko
- ¼ szklanki) cukru
- 1 łyżka mąki uniwersalnej
- ⅛ łyżeczki świeżo zmielonego czarnego pieprzu
- Szczypta soli
- ¼ łyżeczki cynamonu
- Delikatnie bita śmietana, do podania

INSTRUKCJE:
DO SKORUPY:
a) Rozgrzej piekarnik do 325 ° F. Ciasteczka imbirowe drobno zmiel w malakserze.
b) Dodaj roztopione masło i miksuj do zwilżenia.
c) Mocno dociśnij mieszaninę okruchów do dna i boków tortownicy o średnicy 9 cali z wyjmowanym dnem.
d) Umieść patelnię na obrzeżonej blasze do pieczenia.

DO NAPEŁNIENIA:
e) Połącz drobno posiekaną słodko-gorzką czekoladę i ciężką śmietankę do ubijania w ciężkim średnim rondlu.
f) Mieszaj na małym ogniu, aż czekolada się rozpuści i będzie gładka.
g) Zdjąć rondel z ognia.
h) Ubij żółtka, jajko, cukier, mąkę, mielony czarny pieprz, sól i cynamon w misce, aby się połączyły.
i) Bardzo stopniowo mieszaj czekoladową mieszankę z masą jajeczną, aż będzie gładka i wymieszana.

j) Na spód wlać nadzienie czekoladowe.

k) Piecz tartę czekoladową, aż nadzienie lekko zaciągnie się na brzegach, a środek będzie miękko ścięty około 30 minut. Przełożyć do stojaka. Ostudzić tartę w formie przez 20 minut.

l) Delikatnie zdejmij boki formy do tarty i całkowicie ostudź tartę.

m) Pokrój tartę na cienkie kliny i podawaj z delikatnie ubitą śmietaną.

18. Czekoladowa tarta brownie

Porcje: 10 porcji

SKŁADNIKI:
- 1 filiżanka fluorek
- ¼ szklanki Mocno upakowany jasnobrązowy cukier
- 1 uncja Czekolada; niesłodzone, tarte
- ½ szklanki Masło; pokrojone na ½ cala kawałki, dobrze schłodzone
- 2 łyżki stołowe mleko
- 1 łyżeczka Wanilia
- 3 uncje niesłodzonej czekolady
- 3 uncje Półsłodka czekolada
- ½ szklanki Masło; temperaturze pokojowej, pokroić na kawałki
- 1½ szklanki Cukier
- 3 jajka; beat do zmiksowania
- 2 łyżeczki Wanilia
- ½ szklanki Posiekane orzechy włoskie
- ¾ szklanki Mąka uniwersalna
- 4 uncje Półsłodka czekolada; stopiony
- ¼ Masło; temperatura pokojowa
- 2 łyżeczki Olej roślinny

INSTRUKCJE:
NA CIASTO:
a) Połącz mąkę, brązowy cukier i startą czekoladę w misce. Posiekaj masło, aż mieszanina będzie przypominać gruby posiłek. Wymieszaj mleko i wanilię widelcem, aż się połączą. Wklep ciasto w dno i boki 11-calowej formy do tarty, w razie potrzeby posyp mąką opuszki palców, jeśli mieszanina stanie się zbyt lepka.

DO NAPEŁNIENIA:
b) Nagrzej piekarnik do 350 stopni. Rozpuść czekoladki na podwójnym bojlerze ustawionym nad gorącą wodą. Zdjąć z ognia i mieszać po jednym kawałku masła.

c) Przenieś mieszaninę do miski. Dodaj cukier i dobrze wymieszaj; mieszanina będzie ziarnista.

d) Dodaj ubite jajka, po jednym na raz, dobrze mieszając po każdym dodaniu. Wymieszaj z wanilią. Wmieszać posiekane orzechy.

e) Stopniowo dodawać mąkę, dobrze mieszając po każdym dodaniu. Wlać do skorupy ciasta.

f) Piec, aż środek będzie ustawiony, a tester włożony do środka wyjdzie czysty, od 20 do 25 minut.

g) Niech tarta ostygnie na metalowej podstawce.

NA LUKIER:

h) Połącz czekoladę, masło i olej w misce i mieszaj, aż będą gładkie.

i) Schłodzić do konsystencji nadającej się do smarowania, od czasu do czasu mieszając.

j) Lukier rozsmarować na wierzchu tarty. Lekkie stać, aż lukier zastygnie.

k) Pokrój w kliny do podania.

19. Tarty z masłem czekoladowym

Porcja: 12 tart

SKŁADNIKI:
- 3 kostki gorzkiej czekolady
- 12 Niepieczone z. cierpkie muszle
- ¾ szklanki Lekko upakowany brązowy cukier
- ¼ szklanki Syrop kukurydziany
- 1 Jajka
- 2 łyżki stołowe Masło; zmiękczone
- 1 łyżeczka Wanilia
- 1 łyżeczka Ocet
- szczypta Sól
- 1 Kwadratowa słodko-gorzka czekolada rozpuszczona

INSTRUKCJE:
a) Każdy z trzech kwadratów czekolady pokrój na 16 kawałków.
b) Umieść 4 kawałki na dnie każdej tarty. Wymieszaj brązowy cukier, syrop kukurydziany, jajka, masło, wanilię, ocet i sól. Włóż łyżką do muszli tartych, wypełniając trzy czwarte.
c) Piec w temperaturze 450 stopni przez 12-14 minut lub do momentu, aż nadzienie będzie dmuchane i bąbelkowe, a ciasto lekko złociste. Łatwe chłodzenie na stojakach.
d) Polewamy roztopioną czekoladą.

20. Mini tarty czekoladowo-kokosowe

Porcje: 36 porcji

SKŁADNIKI:
- 14 uncji słodzone skondensowane mleko
- 2 łyżki stołowe Likier z orzechów laskowych lub woda
- 2 łyżki stołowe Woda
- 1 opakowanie czekolady instant

MIESZANKA BUDYNIOWA
- Opakowanie 13 ¾ uncji miękkich makaroników
- 1 filiżanka Drobno posiekane pekan
- 2 łyżki stołowe Niesłodzone kakao w proszku
- ⅔ szklanki Bita śmietana

KRUCHY KOKOSOWE
- Prażony kokos, opcjonalnie
- Bita śmietana, opcjonalnie
- ⅓ szklanki Masło lub margaryna, stopione

INSTRUKCJE:
a) Połącz słodzone mleko skondensowane, likier lub wodę z wodą.
b) Dodaj mieszankę budyniową i kakao w proszku. Ubijaj, aż będzie gładkie.
c) Przykryć i schłodzić przez 5 minut.
d) Ubij ⅔ szklanki śmietany kremówki do miękkich szczytów; wmieszać do masy czekoladowej.
e) Ułożyć w kokosowych skorupkach. Schłodzić przez 2 do 24 godzin.
f) W razie potrzeby udekoruj dodatkową bitą śmietaną i prażonym kokosem.

KRUCHY KOKOSOWE:
g) Wymieszaj makaroniki, orzechy pekan i masło.
h) Wciśnij 1 łyżkę stołową mieszanki na dno i górę 36 dobrze natłuszczonych foremek na muffiny o średnicy 1¾ cala.
i) Piec w piekarniku nagrzanym do 375 stopni przez 8-10 minut lub do momentu, aż brzegi się zarumienią. Schłodzić na stojaku.
j) Poluzować; wyjąć z filiżanek.

21. Tarta czekoladowo-orzechowa

Porcje: 8 porcji

SKŁADNIKI:
- 3 łyżki Kakao w proszku
- ¼ szklanki Cukier
- 4 łyżki Masło
- 1 jajko
- 4 uncje Czekolada gorzka lub półsłodka
- ¼ t sody oczyszczonej
- 4 łyżki Masło
- 1 filiżanka Ciemny syrop kukurydziany
- ½ szklanki Cukier
- 3 jajka
- 2 łyżki stołowe Ciemny pokój

CIASTO CZEKOLADOWE
- 1 szklanka niebielonego uniwersalnego
- Szczypta soli

POŻYWNY
- 2 szklanki całych orzechów laskowych

INSTRUKCJE:
a) Przesiej herbatę suche składniki razem trzy razy.
b) Posmarować masłem i zwilżyć jajkiem .
c) Uformować w dysk, zawinąć i schłodzić. Gotowanie nadzienia czekoladowo-orzechowego.
d) Umieść orzechy laskowe na blasze do pieczenia i praż w temperaturze 350 stopni F, aż skórki będą luźne i łatwo odejdą przez około 10 minut. Orzechy laskowe osusz ręcznikiem, aby usunąć skórki.
e) Orzechy laskowe grubo posiekać, ręcznie lub za pomocą robota kuchennego. W misce połączyć czekoladę z masłem. Doprowadź mały garnek wody do wrzenia i wyłącz ogrzewanie.
f) Umieść miskę z czekoladą i masłem nad gorącą wodą i mieszaj, aby się rozpuściły. Połącz syrop kukurydziany i cukier na patelni. Doprowadzić do pełnego wrzenia na średnim ogniu.

g) Zdjąć z ognia i wymieszać z masą czekoladową. Ubij jajka i sól z opcjonalnym rumem. Ubij masę czekoladową, uważając, aby nie przesadzić. Złożenie.

h) Lekko posyp mąką powierzchnię roboczą i ciasto. Rozwałkuj ciasto na dysk o średnicy 14 cali i grubości ⅛ cala.

i) Wyłóż 10-calową formę do tarty ciastem, odcinając nadmiar.

j) Wmieszaj posiekane orzechy laskowe do nadzienia i wlej nadzienie na patelnię. Pieczenie. Piec w temperaturze 350 stopni F, aż nadzienie się zetnie, a skórka upiecze przez około 40 minut. Trzymać. Przechowuj tartę w temperaturze pokojowej do 2 dni.

22. Czekoladowa tarta z mascarpone i orzechami

Porcja: 1 porcja

SKŁADNIKI:
- 1 filiżanka Mąka uniwersalna
- ¾ szklanki Cukier granulowany
- ½ łyżeczki Sól
- 1 filiżanka Niesłodzone alkalizowane kakao w proszku
- 6 uncji Schłodzone niesolone masło pokrojone na ½-calowe kawałki
- 4 duże Żółtka
- 6 uncji Słodko-gorzka czekolada; drobno posiekane
- 1 filiżanka Kwaśna śmietana
- 1 filiżanka Ciężki krem
- ½ szklanki Cukier granulowany; podzielony
- 2 duże Jajka
- 4 duże Żółtka
- 2 łyżeczki Skrobia kukurydziana
- 8 uncji Ser mascarpone
- ¾ szklanki Ciężki krem
- 4 uncje Puree z kasztanów
- ½ szklanki Cukier cukierników
- 1 łyżeczka Ekstrakt waniliowy

INSTRUKCJE:
a) W robocie kuchennym wyposażonym w metalowe ostrze do siekania połącz mąkę, cukier, sól i kakao w proszku. Pulsuj maszynę od ośmiu do dziewięciu razy, aby wymieszać. Rozłóż masło na mieszance mąki i pulsuj maszynę, aż masło zostanie pokrojone w mąkę, a mieszanina będzie przypominać gruboziarnistą mąkę.

b) Dodaj żółtka i kontynuuj przetwarzanie w trybie pulsacyjnym włączania/wyłączania, aż mieszanina zostanie równomiernie włączona, a cząstki zaczną się trzymać razem. Zeskrob ciasto na powierzchnię roboczą i uformuj z niego kulę. Spłaszcz go w dysk i zawiń w folię spożywczą. Schłodzić przez 1 godzinę.

c) Ustaw stojak na środku piekarnika i rozgrzej do 350 stopni F.

d) Wyjmij schłodzoną płytę z lodówki. Umieść ciasto między dwoma kawałkami plastikowego opakowania i rozwałkuj ciasto na małe kółko. Podnieś i obróć ciasto o ćwierć obrotu po każdej rolce. Kontynuuj walcowanie, aż koło będzie miało około 14 cali średnicy i około ⅛ cala grubości. Usuń górną warstwę plastikowego opakowania.

e) Ostrożnie zwiń ciasto wokół wałka i przenieś do 12-calowej karbowanej formy do tarty z wyjmowanym dnem. Rozwiń ciasto na patelnię. Podnieś brzegi ciasta i delikatnie wciśnij ciasto w dno i boki formy. Odetnij nadmiar ciasta. Ciasto schłodzić przez 20 do 30 minut, aż będzie twarde.

f) Piecz skorupę tarty przez 20 do 30 minut lub do zestalenia. Umieścić na metalowej podstawce i całkowicie ostudzić.

KREM CZEKOLADOWY:

g) Posiekaną czekoladę włożyć do miski i odstawić.

h) W niekorozyjnym średnim rondlu zagotuj śmietanę, ciężką śmietanę i ¼ szklanki cukru na średnim ogniu.

i) W misce za pomocą ręcznego miksera elektrycznego ubij jajka, żółtka, skrobię kukurydzianą i pozostałe ¼ szklanki cukru na średnich obrotach, aż będą blade. Wymieszaj jedną trzecią gorącej śmietany z masą jajeczną i wlej całość z powrotem na patelnię.

j) Gotuj na średnim ogniu, ciągle mieszając trzepaczką przez 3 do 5 minut lub do uzyskania gęstej konsystencji. Wlej zagęszczoną mieszankę na zarezerwowaną czekoladę i mieszaj, aż się połączy.

k) Zeskrobać mieszaninę na przygotowaną skórkę i wygładzić wierzch gumową szpatułką. Schłodzić w lodówce przez 2 godziny.

NAKŁADKA Z MASCARPONE:

l) W 4½-kwartowej misce wytrzymałego miksera elektrycznego, używając końcówki do ubijania drutu, połącz mascarpone, ciężką śmietanę, puree z kasztanów, cukier puder i wanilię.

m) Ubijaj na średnich obrotach, aż utworzą się miękkie szczyty. Umieść masę w rękawie cukierniczym z końcówką w kształcie średniej gwiazdki i wydrążonym wzorem muszli pokrywającym wierzch schłodzonej tarty.

n) Tartę schładzamy przez 1 godzinę przed podaniem.

23. Miniaturowe tarty czekoladowe

Porcje: 50 porcji

SKŁADNIKI:
- 2¼ szklanki Mąka uniwersalna
- ¾ szklanki Margaryna
- ⅓ szklanki Cukier cukierników
- ⅔ szklanki Półsłodkie chipsy czekoladowe
- 2 łyżki stołowe Margaryna
- ½ szklanki Cukier
- ½ szklanki Syrop kukurydziany
- 2 Jajka
- ¼ szklanki Orzechy pekan, posiekane
- 1 filiżanka Suszony kokos

INSTRUKCJE:
a) Wymieszaj mąkę, ¾ szklanki margaryny i cukier puder. Równomiernie dociśnij około 1 łyżeczki ciasta do dna i boków nienatłuszczonych małych foremek na muffinki.
b) Czekoladowe chipsy i 2 łyżki margaryny rozpuszczamy w podwójnym bojlerze nad gotującą się wodą, aż chipsy i margaryna się rozpuszczą; zdjąć z ognia.
c) Wymieszaj cukier i syrop; wbić jajka.
d) Nałóż 1 do 2 łyżeczek mieszanki czekoladowej do każdej tarty i napełnij tylko do ¾ wysokości.
e) Posyp orzechami pekan i kokosem.
f) Piec w nagrzanym piekarniku do 350 stopni przez 20 do 25 minut.
g) Chłodzić przez kilka minut.
h) Ostrożnie wyjąć z foremek na muffiny końcówką noża. Całkowicie ostudzić. W razie potrzeby udekoruj posłodzoną bitą śmietaną.

24. Czekoladowa tarta truflowa z malinami

Porcje: 6 porcji

SKŁADNIKI:
- 1 filiżanka Mąka uniwersalna
- ½ szklanki Cukier granulowany
- ½ szklanki Kakao w proszku
- 3 uncje Masło; schłodzony
- 1 Jajka
- 6 uncji Półsłodka czekolada; posiekana
- 2 kubki Bita śmietana
- 3-4 szklanki malin

INSTRUKCJE:
CIASTO CZEKOLADOWE:
a) Połącz mąkę, cukier i kakao w misce robota kuchennego.
b) Pulsuj 2 lub 3 razy, aby napowietrzyć. Masło pokroić na kawałki i rozłożyć na mące.
c) Przy pracującym silniku wrzuć całe jajko przez rurkę podającą.
d) Wyrabiać bardzo krótko – nie dopuścić, aby ciasto się skleiło, bo ciasto będzie twarde.
e) Wyjąć ciasto z miski roboczej i odstawić w temperaturze pokojowej do czasu przygotowania nadzienia.
NADZIENIE TRUFLOWE:
f) Umieść posiekaną czekoladę w średniej wielkości misce i zagotuj śmietankę na średnim ogniu.
g) Wlać czekoladę i mieszać, aż cała czekolada się rozpuści. Przykryj plastikową folią i przechowuj w lodówce, aż zobaczysz.
h) Rozgrzej piekarnik do 375F. Rozwałkuj ciasto czekoladowe rękami i wciśnij je do formy na tartę z wyjmowanym dnem; staraj się uzyskać równą grubość. Schładzaj przez 20 minut. Spód ciasta nakłuwamy widelcem.
i) Piec w nagrzanym piekarniku przez 20 do 25 minut. Całkowicie ostudzić. ODWILŻ
MONTAŻ:

j) Delikatnie wyjąć tartę z formy i ułożyć na talerzu. Nałóż łyżką nadzienie truflowe do muszli i wygładź powierzchnię. Ułóż maliny na wierzchu w koncentrycznych kręgach.

25. Tarta z żurawiną i białą czekoladą

Sprawia, że: 1 porcja

SKŁADNIKI:
- 2½ szklanki Żurawina; świeże lub mrożone i rozmrożone
- ¼ szklanki Świeży sok pomarańczowy
- ½ szklanki Cukier
- 1 filiżanka Zmielone blanszowane migdały
- 1⅔ szklanki Niebielona mąka uniwersalna
- ½ szklanki Cukier
- ½ łyżeczki Proszek do pieczenia
- 1 łyżeczka Mielony cynamon
- ¼ łyżeczki Maczuga naziemna
- ½ funta Zimne niesolone masło; pokroić na 16 kawałków
- 1 duży Jajka
- 1 duży Żółtko jajka
- 1 łyżeczka Ekstrakt waniliowy
- 6 uncji Biała czekolada; posiekana
- Cukier puder; do odkurzania

INSTRUKCJE:

a) Gotuj żurawinę, sok pomarańczowy i cukier w średnim rondlu na średnim ogniu, aż mieszanina się zagotuje.

b) Zmniejsz ogień do średnio-niskiego i gotuj na wolnym ogniu, od czasu do czasu mieszając, aż płyn stanie się gęsty i syropowaty, około 10 minut. Mieszanka żurawinowa będzie miała konsystencję dżemu. Odstawić do całkowitego ostygnięcia, około 30 minut. Po schłodzeniu mieszanina zgęstnieje do postaci gęstego dżemu.

c) Ustaw stojak piekarnika na środku piekarnika i rozgrzej piekarnik do 350 stopni. Posmaruj masłem 9-calową wiosenną formę.

d) W misce miksera elektrycznego wymieszaj migdały, mąkę, cukier, proszek do pieczenia, cynamon i gałkę muszkatołową. Miksuj na niskich obrotach tylko do połączenia składników, około 10 sekund. Dodaj masło i mieszaj, aż większość kawałków masła będzie wielkości groszku, około 1 minuty. Mieszanka będzie wyglądać na kruszonkę, a okruchy będą różnej wielkości.

e) Przy włączonym mikserze dodaj jajko, żółtko i wanilię. Mieszaj, aż mieszanina zlepi się i będzie odstawać od ścianek miski, około 30 sekund. Zarezerwuj 1 szklankę mieszanki na polewę kratową i przechowuj ją w lodówce podczas przygotowywania skórki.

f) Wciśnij pozostałe ciasto równomiernie na dno i 1¼ cala w górę boków przygotowanej patelni. Białą czekoladę równomiernie rozsmarować na cieście. Za pomocą cienkiej metalowej szpatułki równomiernie rozprowadź schłodzoną mieszankę żurawinową na białej czekoladzie.

g) Wyjmij zarezerwowane ciasto z lodówki. Używając około 2 łyżek ciasta na najdłuższe liny i mniej na krótsze liny, zroluj kawałki ciasta tam iz powrotem, tworząc liny ciasta o średnicy około ½ cala. Jeśli liny się zerwą, zepnij je z powrotem.

h) Połóż linę o długości 9 cali na środku tarty. Rozstawiając liny w odległości około 2 cali, umieść linę o długości około 8 cali po obu stronach środkowej liny. Umieść linę o długości około 4 ½ cala w pobliżu każdego końca tarty. Będziesz miał 5 lin ciasta na wierzchu tarty.

i) Obróć blachę do tarty o pół obrotu i umieść równomiernie 5 dodatkowych lin na wierzchu tarty, aby uzyskać wzór kratki. Piecz tartę, aż wierzch będzie złocisty, około 1 godziny. Ostudzić dokładnie tartę na patelni. Przed podaniem posypać cukrem pudrem.

26. Tarta z podwójnym kremem czekoladowym

Porcje: 12 porcji

SKŁADNIKI:
- 1 filiżanka Mąka uniwersalna; podzielony
- ¼ szklanki Lodowata woda
- 1 łyżka Wanilia; podzielony
- ¾ szklanki niesłodzone kakao; podzielony
- 2 łyżki stołowe Cukier
- ¼ łyżeczki Sól
- ¼ szklanki Skrócenie warzyw
- Spray do gotowania
- 14 uncji puszki beztłuszczowego słodzonego skondensowanego mleka
- 6 uncji ⅓ niskotłuszczowy serek śmietankowy; zmiękczone
- 1 duży Jajka
- 1 duży Białko jajka
- 1½ szklanki Mrożona bita polewa o obniżonej kaloryczności; rozmrożone
- 1 uncja Półsłodka czekolada; drobno posiekane

INSTRUKCJE:
a) Rozgrzej piekarnik do 350°. Połącz ¼ szklanki mąki, wodę z lodem i 1 łyżeczkę wanilii, mieszając trzepaczką, aż dobrze się połączą; odłożyć na bok.
b) Połącz ¾ szklanki mąki, ¼ szklanki kakao, cukier i sól w misce; posiekać tłuszcz za pomocą miksera do ciasta lub 2 noży, aż mieszanina będzie przypominać gruby posiłek.
c) Dodaj mieszaninę lodowatej wody; mieszaj widelcem, aż będą wilgotne i kruche.
d) Delikatnie wciśnij mieszaninę w 4-calowy okrąg na wytrzymałej plastikowej folii; przykryć dodatkową folią.
e) Rozwałkuj ciasto, wciąż przykryte, na 13-calowy okrąg.
f) Włóż ciasto do zamrażarki na 30 minut lub do czasu, aż folię będzie można łatwo usunąć.

g) Zdejmij górną warstwę plastikowego opakowania; Dopasuj ciasto, odkrytą stroną do dołu, do 10-calowej okrągłej wyjmowanej formy do tarty z wyjmowanym dnem, pokrytej sprayem do gotowania.

h) Usuń pozostały arkusz folii plastikowej. Złóż krawędzie.

i) Spód i boki ciasta nakłuć widelcem; piec w temperaturze 350° przez 4 minuty.

j) Ostudzić na stojaku z drutu. Umieść blachę do tarty na blasze do pieczenia; odłożyć na bok.

k) Ubij ½ szklanki kakao i mleka na średnich obrotach miksera, aż się połączą.

l) Dodaj ser; dobrze ubić. Dodaj 2 łyżeczki wanilii, jajko i białko jaja; ubijaj tylko do gładkości.

m) Wlać mieszaninę do skorupy; piec w temperaturze 350° przez 25 minut lub do zestalenia.

n) Rozłóż ubitą polewę na tartę; posypać posiekaną czekoladą.

27. Pyszna tarta czekoladowa

Porcje: 12 porcji

SKŁADNIKI:
- 8 uncji gorzkiej czekolady; podzielone na kawałki
- ⅓ szklanki Margaryna lub masło
- 2 duże jajka; w temperaturze pokojowej
- 1 łyżeczka Ekstrakt waniliowy
- ⅓ szklanki Cukier granulowany
- ¾ szklanki Mąka uniwersalna
- ¼ łyżeczki Sól
- 4 uncje Ser mascarpone; w temperaturze pokojowej

INSTRUKCJE:
a) Zachwycająco bogaty, świąteczny deser o konsystencji przypominającej brownie z dodatkiem słodkiego, kremowego serka mascarpone.
b) Nagrzej piekarnik do 350 stopni. Nasmaruj 9-calową tartę z wyjmowanym dnem; odłożyć na bok.
c) W małym rondlu z grubym dnem rozpuść czekoladę i margarynę na małym ogniu, często mieszając. Zdjąć z ognia.
d) W misce ubijaj jajka i wanilię mikserem elektrycznym na średnich obrotach przez 30 sekund. Stopniowo ubijaj cukier; ubijać przez 1 minutę. Ubij mieszankę czekoladową, raz zeskrobując boki miski. Ubijaj mąkę i sól na niskich obrotach, tylko do połączenia. Rozłóż ciasto równomiernie na przygotowanej blaszce.
e) Włóż ser do miski i dobrze wymieszaj widelcem. Nakładać po łyżeczce losowo na powierzchnię ciasta czekoladowego. Za pomocą ostrego noża wmieszaj masę serową w masę czekoladową, aby uzyskać efekt marmurkowania.
f) Piec, aż środek będzie ustawiony, od 20 do 25 minut. Wyjmij patelnię na stojak druciany i całkowicie ostudź. Przykryj tartę folią spożywczą; umieść w dużej plastikowej torbie do zamrażania i zamrażaj do 6 tygodni przed podaniem.
g) Całkowicie rozmrozić w temperaturze pokojowej. Wyjąć z formy do tarty.

h) Pokroić w kliny i podawać.

28. Tarta ze świeżych owoców i czekolady

Porcje: 8 porcji

SKŁADNIKI:
- 1¼ szklanki Mąka
- 4 uncje Masło w sztyfcie; zmiękczone
- 3 łyżki Cukier
- 1 łyżeczka Ekstrakt waniliowy
- ¼ szklanki Drobno posiekane orzechy pekan lub orzechy włoskie
- 1 filiżanka Chipsy z mlecznej czekolady
- ⅓ szklanki Kwaśna śmietana
- Świeże owoce w sezonie
- 3 łyżki morelowy lub bez pestek
- Dżem malinowy

INSTRUKCJE:
a) Rozgrzej piekarnik do 400 ° F.

SKORUPA
W misce wymieszaj mąkę, masło, cukier, ½ łyżeczki wanilii i orzechy pekan. Mieszaj widelcem, aż mieszanina będzie przypominać drobne okruchy. Zagniataj, aż ciasto będzie się kleić.
b) Mocno i równomiernie dociśnij ciasto do dna i boków 9½-calowej karbowanej metalowej formy do tarty z wyjmowanym dnem.
c) Piecz przez 14 do 16 minut lub do uzyskania złotego koloru. Nieco fajne.

POŻYWNY
d) W szklanej miarce na 2 filiżanki podgrzej kawałki czekolady w kuchence mikrofalowej ustawionej na High przez około 1 minutę lub do całkowitego rozpuszczenia i uzyskania gładkości podczas mieszania. Dodaj kwaśną śmietanę i pozostałą ½ łyżeczki wanilii.
e) Nadzienie równomiernie rozłożyć na schłodzonym cieście. Przechowywać w lodówce przez 2 do 3 godzin lub przez całą noc.
f) Około 1 godziny przed podaniem pokrój brzoskwinie, nektarynki, kiwi lub kantalupę w plastry lub półksiężyce; owoce odsączyć na ręcznikach papierowych, jeśli są bardzo soczyste.

Ułożyć w koncentryczne okręgi lub inne wzory na nadzieniu czekoladowym.

g) Napełnij winogronami i jagodami, aż wierzch całkowicie pokryje się owocami. Podgrzej dżem w kuchence mikrofalowej lub na małym ogniu, aż się rozpuści. Owoce posmarować dżemem. Przechowywać w lodówce do czasu podania.

h) Tuż przed podaniem zdejmij ściankę formy i umieść tartę na półmisku.

29. Pikantna tarta czekoladowa

Porcja: 1 porcja

SKŁADNIKI:
- 1 filiżanka Niebielona mąka uniwersalna
- 2 łyżki stołowe Kakao w proszku
- ¼ szklanki Cukier
- 1 szczypta Sól
- ½ łyżeczki Proszek do pieczenia
- 4 łyżki Masło niesolone
- 1 duży Jajka
- ⅓ szklanki Woda
- ⅓ szklanki Cukier
- ½ Wbij niesolone masło
- 6 uncji półsłodkiej czekolady
- 3 duże Jajka
- 1 łyżeczka Mielony cynamon
- ½ łyżeczki Mielone goździki

INSTRUKCJE:
a) Ciasto: Do miski wsypać mąkę i przesiać kakao. Wymieszaj cukier, sól i proszek do pieczenia. Wcieraj drobno masło, pozostawiając mieszaninę chłodną i pudrową. Wbij jajko i wmieszaj do ciasta. Zagnieść ciasto, zawinąć i schłodzić.
b) Rozgrzej piekarnik do 350 stopni i ustaw stojak w dolnej jednej trzeciej piekarnika. Na oprószonym mąką blacie rozwałkuj ciasto i wyłóż nim posmarowaną masłem 10-calową formę do tarty. Odłożyć na bok.
c) W garnku, na średnim ogniu, zagotuj cukier i wodę. Dodać masło i dalej podgrzewać do rozpuszczenia masła. Wyłączyć ciepło i ubić drobno pokrojoną czekoladę. Ubij jajka z przyprawami, a następnie wymieszaj z mieszanką czekolady. Wlać do skorupy tartej.
d) Piecz przez około 30 minut, aż ładnie wyrośnie i stwardnieje. Schłodzić na stojaku.
e) Rozwałkuj tartę i podawaj z posłodzoną bitą śmietaną.

30. Tarta z musem z białej czekolady i truskawek

Porcje: 8 porcji

SKŁADNIKI:
CIASTO:
- 1¾ szklanki Niewybielona mąka
- ¼ szklanki Mocno zapakowany Jasnobrązowy Cukier
- 2½ łyżeczki Skórka pomarańczowa, starta
- ⅛ łyżeczki Sól
- 1¾ Kije Niesolonego Masła
- 1½ łyżki Świeży sok pomarańczowy
- 1 Żółtko jajka
- 1 łyżeczka Ekstrakt waniliowy
- 2 uncje białej czekolady

MUS:
- 6 uncji białej czekolady
- ¼ szklanki Ciężki krem
- 1 duży Białko jajka
- 1 łyżka Cukier
- ½ szklanki Śmietanka do ubijania, bita
- 2 łyżki stołowe Wielki Marnier
- 1 duży Truskawki, z łodygami
- 25 dużych Truskawki, pestki
- ½ szklanki Dżem truskawkowy

INSTRUKCJE:
a) Ciasto: Wymieszaj pierwsze 4 składniki w misce. Dodaj masło i pokrój w miksturę, aż będzie przypominać delikatny posiłek. Zmiksuj sok pomarańczowy z żółtkiem i wanilią. Dodaj wystarczającą ilość soku, aby wysuszyć składniki i uformować kulę, która się łączy.
b) Zbierz ciasto w kulę i spłaszcz ją w mniej więcej 12-calowy okrąg.
c) Ustaw stojak na środku piekarnika i rozgrzej go do 375 stopni.
d) Rozwałkuj ciasto między arkuszami plastikowego opakowania na grubość ⅛ cala. Przytnij do 11-calowego koła.

e) Usuń folię z góry i odwróć do 10-calowej okrągłej formy sprężynowej z wyjmowanym dnem. Zdejmij plastikową folię i wciśnij w dolną i górną część naczynia... zaciśnij górne krawędzie.

f) Zamrażaj przez 15 minut. Spód tarty wyłożyć folią aluminiową i obłożyć ciężarkami lub fasolą.

g) Pieczemy do zarumienienia się boków - około 10 minut.

h) Usuń folię i ciężarki. Piecz skórkę na złoty kolor - około 16-20 minut.

i) Posyp dwie uncje białej czekolady na gorącą skórkę. Spokojne stanie przez około 1 minutę.

j) Tylną częścią łyżki rozprowadź czekoladę na spodzie i bokach.

k) Przełożyć na kratkę do ostygnięcia.

31. Szwedzkie tarty królewskie z deserem czekoladowym

Porcje: 6 porcji

SKŁADNIKI:
- 2¼ szklanki Najlepsza uniwersalna mąka firmy Pillsbury
- ½ szklanki Cukier
- ⅓ szklanki Kakao
- ½ łyżeczki Proszek do pieczenia o podwójnym działaniu
- ½ łyżeczki Sól
- ¾ szklanki Masło
- 1 Jajka; lekko pobity
- 1 łyżka Mleko - Nadzienie
- 1 Jajka
- ¼ szklanki Cukier
- ¼ szklanki Najlepsza uniwersalna mąka firmy Pillsbury
- 1 filiżanka mleko
- 1 łyżeczka Francuska wanilia
- ½ szklanki Śmietana do ubijania -Do nadzienia czekoladowego---
- 3 łyżki Kakao
- 3 łyżki Cukier -Polewa Czekoladowa---
- 2 łyżki stołowe Masło; stopiony
- 2 łyżki stołowe Kakao
- ½ szklanki Cukier cukierników
- 1 Żółtko jajka
- ¼ łyżeczki Francuska wanilia

INSTRUKCJE:
a) PIECZ w 375 stopniach przez 12 do 15 minut.
b) Mąkę, cukier, kakao, proszek do pieczenia i sól przesiać razem.
c) Posiekaj masło, aż kawałki będą wielkości małego groszku.
d) Dodaj 1 lekko ubite jajko i 1 dwie łyżki mleka; zmiksować widelcem lub mikserem do ciasta.
e) Ułożyć na dużej nienatłuszczonej blasze do pieczenia.
f) Rozwałkuj na blasze do pieczenia oprószonym mąką wałkiem do prostokąta o wymiarach 15 x 11 cali.

g) Przytnij krawędzie nożem lub kółkiem do ciasta. Pokrój na trzy prostokąty o wymiarach 11 x 5 cali.
h) Piec w umiarkowanym piekarniku, 375 stopni, przez 12 do 15 minut.
i) Ostudzić na blasze do pieczenia. Ostrożnie poluzuj szpatułką.
j) Ułóż warstwy na kartonie pokrytym folią aluminiową, rozprowadzając nadzienie między warstwami z dokładnością do ¼ cala od krawędzi.
k) Mroźny wierzchołek. jeśli chcesz, udekoruj prażonymi płatkami migdałów. Schłodzić, aż lukier zastygnie.
l) Zawinąć luźno w folię aluminiową; schłodzić przez noc.

POŻYWNY:
m) Ubij 1 jajko, aż będzie jasne i puszyste.
n) Stopniowo dodawać cukier, cały czas ubijając, aż masa będzie gęsta i jasna. Wmieszać mąkę.
o) Stopniowo dodawaj mleko, które zostało zaparzone na górze podwójnego bojlera.
p) Przenieś mieszaninę z powrotem do podwójnego bojlera. Gotować na wrzącej wodzie, ciągle mieszając, aż będzie gęsta i gładka. Dodaj wanilię; Fajny.
q) Ubij ½ szklanki śmietany kremówki, aż będzie gęsta i wymieszaj z nadzieniem.
r) Połącz ½ szklanki śmietanki kremówki, kakao i cukier. Ubijaj, aż będzie gęsty.

LUKIER CZEKOLADOWY:
s) Połącz stopione masło, kakao, cukier puder, żółtko i wanilię. Ubijaj, aż będzie gładkie.

32. Tarta z kremem bananowym z białą czekoladą

Porcje: 8 porcji

SKŁADNIKI:
- ½ szklanki niesolonego masła, temperatura pokojowa
- 6 łyżek Cukier
- 1 duży Jajka
- 1 filiżanka Plus 6 T mąki uniwersalnej
- 3 duże Żółtka
- 2 łyżki stołowe Cukier
- 2 łyżki stołowe Skrobia kukurydziana
- 1 filiżanka mleko
- ½ Laska wanilii przekrojona wzdłuż
- 3 uncje Importowana biała czekolada drobno posiekana
- 1 łyżka Masło niesolone
- ½ szklanki Schłodzona śmietanka
- 3 Banany, obrane
- 1½ łyżki Likier bananowy
- 1 łyżka Świeży sok z cytryny
- 4 uncje Importowana biała czekolada, ogolona obieraczką do warzyw

INSTRUKCJE:
CIASTO:
a) Używając miksera elektrycznego, ubij masło i cukier w misce, aż się połączą.
b) Dodaj jajka; ubijać, aż się zmiksuje. Dodaj mąkę i ubijaj przez 2 minuty.
c) Zbierz ciasto w kulę i spłaszcz ją w dysk.
d) Zawiń w folię i wstaw do lodówki na 3 godziny.
e) Rozgrzej piekarnik do 375'F. Rozwałkuj ciasto na oprószonym mąką blacie na okrągły placek o średnicy 12 cali.
f) Przenieś do tortownicy o średnicy 9 cali z wyjmowanym dnem.
g) Przytnij skórkę, pozostawiając ¼-calowy zwis. Zarezerwuj resztki ciasta.

h) Złóż krawędzie na dwóch, tworząc podwójne grube boki. Zamrażaj przez 15 minut. Ciasto wyłożyć folią.
i) Wypełnij suszoną fasolą lub obciążnikami. Piec przez 15 minut. Usuń folię i fasolę.
j) Napraw wszelkie pęknięcia zarezerwowanymi skrawkami ciasta. Piec na złoty kolor, około 20 minut.
k) Całkowicie ostudzić.

POŻYWNY:
l) Ubij żółtka, cukier i skrobię kukurydzianą w misce, aż się połączą.
m) Mleko wlewamy do ciężkiego garnka. Zeskrobać nasiona z laski wanilii; dodać fasolę.
n) Doprowadź mieszaninę do wrzenia.
o) Mieszankę mleka wymieszać z masą jajeczną.
p) Ponownie włóż mieszaninę do tego samego rondla i zagotuj, ciągle mieszając. Przecedzić do miski.
q) Dodaj 3 uncje posiekanej białej czekolady i masła; mieszać, aż się roztopi. Przykryć i schłodzić przez co najmniej 3 godziny.
r) Ubij śmietanę w misce na sztywną pianę. Włożyć do kremu z białej czekolady. Banany pokrój w plastry o grubości ¼ cala.
s) Przełożyć do miski; dodać likier i sok z cytryny i wymieszać. Złożyć banany do kremu cukierniczego. Nakładać łyżką na spód tarty, kopiec na środku.
t) Wierzch posypać wiórkami czekoladowymi. Schłodzić przez co najmniej 1 godzinę i maksymalnie 6 godzin.

33. Zła tarta z gorzkiej czekolady

Porcja: 1 porcja

SKŁADNIKI:
- 250 gramów niesolonego masła
- 125 gramów cukru waniliowego
- 250 gramów zwykłej mąki
- 125 gramów Kasza manna
- 180 gramów ciemnej gorzkiej czekolady
- 5 łyżek Koniak
- 4 Jajka
- 3 łyżki Mąka kukurydziana
- 400 gramów cukru pudru
- 600 mililitrów Pojedynczy krem
- 1 laska wanilii
- 125 gramów niesolonego masła

INSTRUKCJE:
a) Rozgrzej piekarnik do 180C/gaz 4. Przygotuj kruche ciasto. W misce utrzeć masło z cukrem waniliowym na jasną i puszystą masę.
b) Wymieszaj mąkę i semolinę. Stopniowo dodawać do masła, aż powstanie kruche ciasto. Ostrożnie i delikatnie zagniataj ciasto, aż się zwiąże, a powierzchnia będzie gładka. Rozwałkuj cienko, aby ułożyć 6 4-calowych foremek do tart z luźnym dnem. Podstawy nakłuć. Dobrze schłodzić przez godzinę. Wyłóż folią i fasolą do pieczenia.
c) Piec foremki na ślepo przez około 20 minut w nagrzanym piekarniku, aż się zarumienią. Usuń fasolę i folię iw razie potrzeby kontynuuj suszenie w piekarniku. Przygotuj nadzienie czekoladowe. Czekoladę połamać na kwadraty. Umieść w misce nad garnkiem z wodą lub podwójnym bojlerem. Dodaj koniak do czekolady.
d) Delikatnie podgrzewaj, aż czekolada się rozpuści. Ubij jajka w misce. Wymieszaj mąkę kukurydzianą i cukier i dodaj trochę śmietany, jeśli to konieczne.

e) Pozostałą śmietankę podgrzać w rondelku z laskami wanilii, prawie do wrzenia.
f) Wmieszaj gorącą śmietankę do zmiksowanej masy jajecznej.
g) Opłucz pojemnik na śmietanę w zimnej wodzie. Odwróć mieszankę, aby zapłacić i dodaj rozpuszczoną czekoladę. Gotuj delikatnie, ciągle mieszając, aż mieszanina zgęstnieje, a mąka kukurydziana się ugotuje. Spróbuj mieszanki, aby sprawdzić, czy nie jest mączna. Zajmie to od 6 do 8 minut. Usuń laskę wanilii.
h) Lekko schłodzić nadzienie. Zmiękcz masło i pozostaw do ostygnięcia. Ubij zmiękczone masło do nadzienia czekoladowego. Przełożyć do schłodzonych tartaletek i odstawić do zastygnięcia.
i) Gdy wystygną, zrób listki czekolady z roztopioną czekoladą i użyj ich do dekoracji tart.

TARTY Z MORZA MORZA

34. Alaskańskie tarty z owocami morza

Porcje: 6 porcji

SKŁADNIKI:
- 418 gramów puszkowanego różowego łososia z Alaski
- 350 gramów Paczka ciasta filo
- 3 łyżki oleju z orzechów włoskich
- 15 gramów margaryny
- 25 gramów zwykłej mąki
- 2 łyżki jogurtu greckiego
- 175 gramów paluszków z owoców morza; posiekana
- 25 gramów orzechów włoskich, posiekanych
- 100 gramów tartego parmezanu LUB tartego sera Cheddar

INSTRUKCJE:
a) Rozgrzej piekarnik do 80 C, 350 F, stopień gazowy 4. Lekko natłuść 8 pojedynczych foremek do ciasta lub żaroodpornych misek na pudding.
b) Odcedź puszkę łososia i przygotuj sok do 200 ml z wodą na bulion rybny. Łososia rozdrobnić. Odłożyć na bok.
c) Każdy arkusz ciasta filo posmarować olejem i złożyć na szesnaście kwadratów o boku 12,5 cm. Umieść jeden kwadrat w każdym naczyniu do ciasta, tak aby ostre rogi wystawały poza krawędź.
d) Posmaruj olejem, a następnie umieść drugi kwadrat ciasta na pierwszym, ale rogami skierowanymi do góry pomiędzy oryginalnymi, aby uzyskać efekt lilii wodnej. Punkty dobrze posmarować olejem, a następnie piec przez 5 minut, aby się zestaliły, ale nie przyrumieniły. Wyjmij go z piekarnika.
e) Zmniejsz temperaturę piekarnika do 150 C, 300 F, stopień gazu 2. Roztop margarynę i wymieszaj z mąką. Wmieszać bulion rybny, dobrze ubijając, aby usunąć grudki. Wmieszaj jogurt, paluszki z owoców morza, orzechy włoskie i płatki łososia do sosu i podziel równomiernie na 8 foremek.

f) Posyp bułkę tartą na wierzchu, a następnie ponownie włóż do piekarnika, aby podgrzewał przez 5-8 minut lub do momentu, aż ser i ciasto nabiorą złotego koloru. Natychmiast podawaj.

35. Tarta z raków i pikantnego sera

Porcje: 6 porcji

SKŁADNIKI:
- 1 domowe lub przygotowane podstawowe ciasto na pierogi, schłodzone
- 3 łyżki masło
- ¼ szklanki czerwona papryka pokrojona w kostkę
- ½ szklanki pokrojona w kostkę cebula
- 3 łyżki fluorek
- 1 funt ogony raków
- 1 filiżanka tarty ser Monterey ostra papryka
- 2 łyżki stołowe posiekana zielona cebula
- 1 sól; dwa klucze
- 1 pieprz cayenne; dwa klucze

INSTRUKCJE:
a) Nagrzej piekarnik do 350 stopni. Na posypanej mąką powierzchni rozwałkuj ciasto na 10-calowy okrąg. Przełożyć do dużej, lekko natłuszczonej blachy do ciastek.

b) W rondelku roztopić masło. Kiedy zacznie się pienić, dodaj czerwoną paprykę i cebulę i gotuj przez 2 minuty. Dodać mąkę i smażyć, mieszając, przez 3 minuty. Dodać langusty i gotować jeszcze 2 minuty. Zdjąć z ognia i wymieszać z serem i zieloną cebulą.

c) Doprawiamy do smaku solą i cayenne. Mieszankę raków kopiec na środku koła ciasta, pozostawiając 2- do 3-calową granicę ciasta. Złóż nadmiar ciasta na nadzienie, układając je warstwami, ale nie całkowicie zakrywając nadzienie. Pracuj wokół koła, kontynuując zaginanie poprzedniego zagięcia, aż utworzy rustykalną tartę o swobodnym kształcie.

d) Włóż blachę do piekarnika i piecz przez 35 minut.

36. Tarta z przegrzebkami i serem pleśniowym

Porcja: 1 porcja

SKŁADNIKI:
- 6 dużych Przegrzebki
- 8 czerwone cebule
- 6 oz Niebieski ser
- 2 uncje serka mascarpone
- 1 Żółtko jajka
- 4 uncje liści szpinaku
- Ocet
- Cukier
- czerwone wino
- Pietruszka

INSTRUKCJE:
a) Aby zrobić to danie, musisz najpierw ugotować cebulę.

b) Aby to zrobić, pokrój je w cienkie plasterki i usmaż na odrobinie oliwy z oliwek. Powoli gotuj je przez około 30 minut z octem.

c) Ciasto rozwałkować i przed nałożeniem nadzienia wyłożyć nim wysmarowaną tłuszczem formę. Przygotować nadzienie mieszając mascarpone i ser pleśniowy z żółtkiem i przyprawami.

d) Na ślepo pieczemy ciasto w nagrzanym piekarniku. Wyjmij i napełnij mieszanką i pokrojonymi przegrzebkami. Piec w piekarniku i wyjąć z formy. Podawać z dżemem cebulowym na boku.

37. Kremowa tarta z wędzonym łososiem i koperkiem

Porcje: 6 porcji

SKŁADNIKI:
- 5 Arkusz filo - rozmrożony
- 3 łyżki Masło niesolone - roztopione
- 4 duże Żółtka
- 1 łyżka Musztarda Dijon - PLUS 1 łyżeczka
- 3 duże Jajka
- 1 filiżanka Połowa i połowa
- 1 filiżanka Bita śmietana
- 6 uncji Łosoś wędzony - siekany
- 4 Zielona cebula - posiekana
- ¼ szklanki Koper - świeży, posiekany LUB 1 łyżeczka suszonego kopru
- Gałązki kopru

INSTRUKCJE:
a) Obficie posmaruj masłem głęboki talerz do ciasta o średnicy 9½ cala.
b) Umieść 1 arkusz filo na powierzchni roboczej.
c) Posmaruj arkusz filo masłem i złóż go wzdłuż na pół. Posmaruj złożoną powierzchnię masłem.
d) Przekroić w poprzek na pół. Umieść 1 prostokąt filo, posmarowaną masłem stroną do dołu, w przygotowanym talerzu do ciasta, przykrywając dno i pozwalając ciastu wystawać 1 część krawędzi na ½ cala.
e) Wierzch ciasta filo na talerzu posmarować masłem. Umieść drugi prostokąt filo na talerzu do ciasta, przykrywając dno i pozwalając ciastu wystawać poza kolejną część krawędzi na ½ cala; posmarować masłem.
f) Powtórz ten proces z pozostałymi 4 arkuszami filo, upewniając się, że cała powierzchnia krawędzi jest pokryta, aby utworzyć skórkę.
g) Złóż nawis pod spodem, aby krawędź skorupy zrównała się z krawędzią talerza.

h) Brzegi ciasta posmarować masłem.
i) Rozgrzej piekarnik do 350F. Ubij żółtka i musztardę w misce, aby się połączyły.
j) Ubij jajka, pół na pół, śmietanę, łososia, cebulę i posiekany koperek.
k) Doprawić do smaku solą i pieprzem. Wylać na przygotowany spód.
l) Piec, aż środek się zetnie, czyli około 50 minut.
m) Przełożyć do stojaka. Fajny. Udekoruj gałązkami kopru i podawaj lekko ciepłe lub w temperaturze pokojowej.

38. Norweskie tarty z łososiem

Porcje: 12 porcji

SKŁADNIKI:
- 10 łyżek Masło
- 2 kubki Mąka
- Woda; zimno
- 1 łyżka Masło
- 1 duży Cebula; posiekana
- 1 filiżanka Grzyby; pokrojony
- ½ szklanki Kwaśna śmietana
- 1 funt Filet z łososia
- 2 jajka; lekko pobity
- 2 łyżeczki koperek; świeże, posiekane
- Sól
- Pieprz
- 1 Białko jajka; lekko pobity
- 1 filiżanka Kwaśna śmietana
- 2 łyżeczki Szczypiorek; posiekana
- 1 łyżeczka koperek; świeże, posiekane
- 1 szczypta czosnku w proszku

INSTRUKCJE:
a) Posiekaj masło z mąką za pomocą miksera do ciasta i dodaj trochę wody, aż powstanie sztywne ciasto.
b) Rozwałkuj i wytnij górną i dolną skórkę na 12 tart.
c) Na patelni roztapiamy masło, dodajemy cebulę i smażymy.
d) Dodaj grzyby i śmietanę; gotować przez pięć minut i ostudzić.
e) W międzyczasie ugotuj lub ugotuj rybę na parze, aż będzie łatwo się łuszczyć. Odcedź rybę i pokrój w misce.
f) Wymieszaj całe jajka i koperek z rybą.
g) Doprawiamy solą i pieprzem do smaku.
h) Zmiksuj mieszankę rybną i grzybową i włóż je do spodu. Przykryj drugim ciastem i zlep brzegi, aby się skleiły.
i) Posmaruj białkiem jajko górną skórkę i krawędzie.

j) Nakłuć skórki do otworów wentylacyjnych pary. Piec przez 10 minut w temperaturze 450 stopni F. lub do momentu, gdy skorupa będzie złocistobrązowa.

k) Wymieszaj śmietanę i przyprawy. Dodaj łyżkę do każdej tarty przed podaniem.

39. Małe tarty z wędzonym łososiem

Porcje: 6 porcji

SKŁADNIKI:
- 1¾ szklanki Mąka uniwersalna
- ¼ łyżeczki Winiarnia Salt Johna Culbertsona.
- 8 łyżek Masło
- ¼ szklanki Zimna woda

INSTRUKCJE:
a) Umieść mąkę, sól i masło w misce robota kuchennego.
b) Wyrabiać, aż ciasto będzie przypominało posiłek.
c) Dodaj wodę i wyrabiaj, aż ciasto utworzy kulę na ostrzu.
d) Rozwałkuj ciasto na grubość ¼ cala i pokrój na 2-calowe krążki. Okrągłymi ciastami wyłożyć foremki do miniaturowych tart.
e) Nadzienie: 4 uncje wędzonego łososia 5 uncji sera Gruyere, drobno posiekanego 4 jajka, ubite 1½ szklanki mleka ½ szklanki śmietany do ubijania ¼ łyżeczki soli ¼ łyżeczki pieprzu
f) Osusz plastry wędzonego łososia ręcznikiem papierowym, aby usunąć nadmiar wilgoci, a następnie pokrój plastry na 1-calowe paski.
g) Podziel pokrojonego łososia na cierpkie muszle i każdą posyp serem.
h) Wymieszaj jajka, mleko i śmietanę z solą i pieprzem i wlej do każdej tarty.
i) Piecz tarty w piekarniku nagrzanym do 400 stopni przez około 15 minut.
j) Sprawdzaj podczas pieczenia, ponieważ tarty są małe i zajmują znacznie mniej czasu niż większa tarta.

40. Świąteczne tarty z krewetkami

Porcje: 48 porcji

SKŁADNIKI:
- 2 ciasta na ciasto z podwójnym ciastem lub muszle do tarty.
- 1 filiżanka mleko
- 1 opakowanie serka śmietankowego pokrojonego w kostkę
- 4 jajka, lekko ubite
- 1 może Młode krewetki, odsączone lub świeże.
- 2 łyżki stołowe Suszony szczypiorek
- ¼ szklanki Drobno posiekana czerwona papryka
- Sól i pieprz do smaku
- Świeży koperek do dekoracji

INSTRUKCJE:
a) Z ciasta przygotować 48 małych muszli na tartę. Podgrzej mleko na małym ogniu; dodać kostki serka śmietankowego mieszając, aż się roztopią.
b) Stopniowo dodawaj mieszankę serową do jajek; wymieszać z pozostałymi składnikami z wyjątkiem koperku. Do każdej muszli nakładamy po 1 łyżce nadzienia.
c) Piec w temperaturze 350 F przez 20-25 minut lub tylko do zestalenia. Udekoruj zarezerwowanymi krewetkami i koperkiem. Składniki na: 48 małych lub 24 średnie tarty.
d) Udekoruj przed podaniem.

41. z krewetkami , cebulą i pomidorami

Porcja: 1 porcja

SKŁADNIKI:
- 18 dużych Krewetka
- 10 Zmiażdżone ząbki czosnku
- 1 szczypta Szafran
- 1 filiżanka Oliwa z oliwek
- 6 Cebule
- 8-uncjowa puszka obranych pomidorów
- 2 anchois
- ¼ szklanki Oliwki Kalamata
- 4 Gałązka tymianku
- 1 Arkuszowe ciasto francuskie
- 2 Head's Frisée
- 6 pęczków Mache

INSTRUKCJE:
a) Dzień przed przygotowaniem tego dania zamarynuj krewetki w mieszance 4 ząbków zmiażdżonego czosnku, czarnego pieprzu, ½ szklanki oliwy z oliwek i 1 szczypty szafranu. Przechowywać w lodówce przez noc.
b) Aby przygotować marmoladę, obierz cebulę, pokrój ją na pół i pokrój w cienkie plasterki.
c) W rondlu na małym ogniu z 2 łyżkami oleju podsmaż cebulę, aż będzie przezroczysta.
d) Pomidory odcedzamy, usuwamy gniazda nasienne, drobno siekamy i dodajemy do cebuli.
e) Dodaj posiekane anchois, posiekane oliwki i tymianek i gotuj przez 3 godziny na bardzo małym ogniu, często mieszając.
f) W międzyczasie wytnij 6 krążków ciasta francuskiego o średnicy około 3½ cala.
g) Umieść na blasze do pieczenia przykryj drugim arkuszem i piecz w piekarniku przez 6 minut w temperaturze 350 stopni.
h) Przygotuj frisée odcinając zieloną część sałaty, używając tylko białej części. Posiekaj frisée i dobrze umyj rezerwę.

i) Na dużej patelni do smażenia na średnim ogniu podgrzej ¼ szklanki oliwek, aż będą gorące, i gotuj krewetki, aż będą różowe i zwinięte.

j) Umieść marmoladę pomidorową na wierzchu każdej tarty i podgrzej w piekarniku przez 5 minut. Dopraw frisée odrobiną oliwy z oliwek, solą i pieprzem.

k) Wyjmij tartę z piekarnika i przełóż na talerz, udekoruj frisée i przykryj krewetkami.

l) Udekoruj liśćmi sałaty Mache.

m) Tartę skropić oliwą z oliwek i podawać.

42. Krewetkowe tarty koktajlowe

Porcja: 20 przystawek

SKŁADNIKI:
- 1 15 uncji opak. schłodzone ciasto na pierogi
- Drobno posiekana sałata liściasta
- 1 12 uncji opak. mrożone małe gotowane krewetki, rozmrożone, opłukane, odsączone
- Sos koktajlowy

INSTRUKCJE:
a) Rozgrzej piekarnik do 450F. Pozostaw obie torebki z ciastem w temperaturze pokojowej na 15 do 20 minut.
b) Rozłóż każdą skórkę; zdejmij górny arkusz z tworzywa sztucznego.
c) Wyciśnij linie zagięcia. Odwróć i wyjmij pozostały plastikowy arkusz. Wytnij około dziesięciu 3-calowych kółek z każdej skórki.
d) Dopasuj kółka na tyłach miniaturowych foremek na muffinki.
e) Ściśnij 4 lub 5 równo rozmieszczonych zakładek wokół boków miseczki.
f) Nakłuć obficie widelcem. Piec w temperaturze 450 F przez 9 do 13 minut lub do uzyskania jasnozłotego koloru. Całkowicie ostudzić; wyjąć z foremek na muffinki.
g) Umieść niewielką ilość posiekanej sałaty w każdej skorupce tarty. Łyżką ułóż kawałki krewetek na warstwie sałaty.
h) Całość polać niewielką ilością sosu koktajlowego.

TARTY ORZECHOWE

43. Tarta migdałowa

Porcje: 8 porcji

SKŁADNIKI:
- Ciasto
- ½ szklanki gęstej śmietany
- ⅓ szklanki cukru
- 1 łyżeczka startej skórki pomarańczowej
- ¼ łyżeczki ekstraktu z migdałów
- 1 szklanka pokrojonych migdałów
- Bita śmietana do dekoracji
- Maliny są konserwowane

INSTRUKCJE:
a) Co najmniej 2 mąki przed przygotowaniem tarty, zrób ciasto.
b) Gdy ciasto ostygnie, rozgrzej piekarnik do 375'F. Między posypanymi mąką arkuszami woskowanego papieru rozwałkuj ciasto na 11-calowy okrąg. Pasuje do 9-calowej karbowanej formy do tarty z wyjmowanym dnem.
c) Przytnij ciasto równo z krawędzią formy.
d) Nakłuć spód i boki ciasta.
e) Umieść blachę do tarty na wyłożonej brzegami blasze do pieczenia. Spód ciasta wyłóż folią aluminiową i wypełnij ciężarkami do ciasta. Piec przez 8 minut; wyjmij blachę z piekarnika i wyjmij folię oraz ciężarki. Ciasto ponownie włożyć do piekarnika i piec 4 minuty dłużej. Odstawić na metalową kratkę do ostygnięcia.
f) W międzyczasie w misce mikserem elektrycznym ustawionym na średnią prędkość wymieszaj śmietanę, cukier, skórkę i ekstrakt, aż cukier się rozpuści. Dodaj migdały.
g) Mieszankę migdałów wyłożyć równomiernie na skorupę ciasta. Włóż ponownie do piekarnika i piecz przez 20 do 25 minut lub do momentu, aż nadzienie będzie złociste. Schłodzić do temperatury pokojowej na stojaku z drutu.
h) Gdy tarta ostygnie, w razie potrzeby ubij śmietanę wokół zewnętrznej krawędzi; wymieszać konfitury i skropić śmietaną. Pokrój na 12 klinów i podawaj.

i) Ciasto: W misce wymieszaj 1 szkl. nieprzesianej mąki uniwersalnej, ½ łyżeczki soli i ½ łyżeczki cukru. Blenderem do ciasta lub 2 nożami posiekaj 6 T niesolonego masła i 2 T tłuszczu roślinnego, aż mieszanina będzie przypominać grube okruchy.

j) Stopniowo dodawaj 2½ do 3 łyżeczek lodowatej wody do mieszanki mąki, mieszając lekko widelcem, aż ciasto będzie wystarczająco wilgotne, aby uformować kulę. Dłońmi uformować kulkę i spłaszczyć na grubość 1 cala. Zawiń i wstaw do lodówki na co najmniej 2 godziny przed użyciem.

44. Meksykańska tarta czekoladowa z pikantnymi orzechami pekan

SKŁADNIKI:
PEKANY
- Nieprzywierający olej roślinny w sprayu
- 1 duże białko jajka
- 2 łyżki cukru
- 1 łyżka złotobrązowego cukru
- 1 łyżeczka mielonego cynamonu
- ¼ łyżeczki soli
- ⅛ łyżeczki pieprzu cayenne
- 1 ½ szklanki połówek orzechów pekan

SKORUPA
- 1 szklanka czekoladowych okruchów ciasteczek waflowych, drobno zmielonych w procesorze
- ¼ szklanki) cukru
- ½ łyżeczki mielonego cynamonu
- ⅛ łyżeczki soli
- 5 łyżek niesolonego masła, stopionego

POŻYWNY
- 1 szklanka gęstej śmietanki kremówki
- 4 uncje gorzkiej lub półsłodkiej czekolady, posiekanej
- 3,1-uncjowy krążek meksykańskiej czekolady
- ¼ szklanki niesolonego masła, pokrojonego na 4 części
- 2 łyżeczki ekstraktu waniliowego
- 1 łyżeczka mielonego cynamonu
- ¼ łyżeczki soli
- Lekko słodzona bita śmietana

INSTRUKCJE:
NA PEKANY:
a) Rozgrzej piekarnik do 350 ° F. Spryskaj obramowaną blachę do pieczenia sprayem nieprzywierającym.
b) W misce wymieszaj wszystkie składniki oprócz orzechów pekan. Wymieszaj z pekanami.
c) Rozłóż w jednej warstwie na arkuszu, zaokrągloną stroną do góry.

d) Piec, aż się zrumieni i wyschnie, około 30 minut. Schłodzić na arkuszu.
e) Oddziel nakrętki, usuwając nadmiar powłoki.

DO SKORUPY:
f) Rozgrzej piekarnik do 350 ° F. Zmiksuj pierwsze 4 składniki w blenderze.
g) Dodaj stopione masło; przetwarzać, aż okruchy będą wilgotne.
h) Wciśnij okruchy do tortownicy o średnicy 9 cali z wyjmowanym dnem, z dokładnością do ⅛ cala od góry.
i) Piec do zastygnięcia, około 20 minut. Schłodzić na stojaku.

DO NAPEŁNIENIA:
j) Doprowadzić śmietanę do wrzenia w średnim rondlu. Zdjąć z ognia.
k) Dodaj czekoladki; ubijać, aż się rozpuści. Dodaj masło, 1 kawałek na godzinę; ubijaj, aż będzie gładkie.
l) Ubij wanilię, cynamon i sól. Wlać nadzienie do skorupy. Schłodzić, aż nadzienie zacznie stężeć, około 15 do 20 minut.
m) Ułóż orzechy w koncentrycznych okręgach na wierzchu tarty. Schłodzić do stężenia, około 4 godzin.

45. Tarta Frangipane Z Sezonowymi Owocami

SKŁADNIKI:
- 1 porcja pasztetu brisée
- 6 łyżek niesolonego masła, zmiękczonego
- ½ szklanki) cukru
- 1 duże jajko
- ¾ szklanki blanszowanych migdałów, drobno zmielonych
- 1 łyżeczka ekstraktu migdałowego
- 1 łyżka amaretto
- 1 łyżka mąki uniwersalnej
- 2 szklanki truskawek, bez pestek
- 2 szklanki malin, zebranych i wypłukanych
- ¼ szklanki dżemu truskawkowego lub malinowego, stopionego i przecedzonego

PASZTET BRISÉE
- 1¼ szklanki mąki uniwersalnej
- 6 łyżek zimnego niesolonego masła, pokrojonego na kawałki 2 łyżki zimnego tłuszczu warzywnego
- ¼ łyżeczki soli

INSTRUKCJE:
PASZTET BRISÉE
a) W misce wymieszaj mąkę, masło, tłuszcz roślinny i sól, aż mieszanina będzie przypominać posiłek.

b) Dodaj 2 łyżki wody z lodem, mieszaj, aż woda się połączy, w razie potrzeby dodaj więcej wody z lodem, aby uformować ciasto i uformuj kulę.

c) Ciasto oprószyć mąką i schłodzić zawinięte w woskowany papier przez 1 godzinę.

TARTA
d) Rozwałkuj ciasto na grubość ⅛ cala na lekko posypanej mąką powierzchni, włóż do prostokątnej formy do tarty o wymiarach 11 na 8 cali lub okrągłej formy do tarty o wymiarach 10 lub 11 cali z wyjmowanym karbowanym brzegiem i schłodź skorupę podczas robienia frangipane .

e) W misce utrzyj masło z cukrem i ubij jajko, migdały, ekstrakt migdałowy, Amaretto i mąkę.

f) Rozłóż równomiernie frangipan na dnie muszli i upiecz tartę na środku nagrzanego piekarnika do 375°F. powyżej przez 20 do 25 minut lub do momentu, gdy skorupa będzie bladozłota.

g) Tartę odstawiamy do ostygnięcia. Pokrój truskawki wzdłuż na plastry o grubości ⅛ cala, ułóż plastry, zachodzące na siebie, dekoracyjnie z malinami w rzędach na frangipane i delikatnie posmaruj dżemem.

46. Tarta Bakewell

SKŁADNIKI:
- 1 świetna niekurczliwa słodka tarta skorupa, częściowo upieczona w 9-calowej wyjmowanej dolnej patelni do tarty
- 1 szklanka grubo posiekanych migdałów, blanszowanych, jeśli możesz je znaleźć
- 1 ½ łyżki mąki uniwersalnej
- ⅔ szklanki cukru
- 9 łyżek niesolonego masła w temperaturze pokojowej
- 1 duże jajko
- 1 duże białko jajka
- ½ łyżeczki ekstraktu migdałowego
- 1 ½ łyżeczki skórki pomarańczowej
- ⅓ szklanki dżemu malinowego
- Posiekane lub pokrojone migdały do dekoracji

INSTRUKCJE:
a) Migdały i mąkę drobno zmielić w blenderze. Wymieszaj cukier, następnie masło, ekstrakt i skórkę pomarańczową. Miksuj do uzyskania gładkości. Wymieszać z jajkiem i białkiem. Przełóż nadzienie do miski. Przykryć i schłodzić przez co najmniej 3 godziny.
b) Ustaw stojak na środku piekarnika i rozgrzej do 350 ° F. Dżem rozsmarować na spodzie tarty. Nałóż całe nadzienie migdałowe, a następnie ostrożnie rozprowadź za pomocą przesuniętej szpatułki. Jeśli używasz posiekanych lub pokrojonych migdałów jako dekoracji, posyp je teraz na wierzchu. Piecz tartę, aż się zarumieni, a tester włożony w środek nadzienia wyjdzie czysty, około 45 minut. Schłodzić tartę na patelni na stojaku.
c) Aby podać, popchnij dno patelni do góry, uwalniając tartę z patelni. Pokrój tartę na kliny i posyp cukrem pudrem wedle uznania.
d) Zrób z wyprzedzeniem: Migdałowe nadzienie można przygotować 2 dni wcześniej. Przechowywać schłodzone. Tartę w całości można też przygotować pół dnia wcześniej. Łatwe do stania w temperaturze pokojowej

47. Tarta jabłkowo-orzechowa

Porcja: 1 porcja

SKŁADNIKI:
- 15-uncjowe opakowanie chłodzonych ciastek
- 3 filiżanki Cienko pokrojone obrane jabłka
- ½ szklanki Cukier
- 3 łyżki złote rodzynki
- 3 łyżki Posiekane orzechy włoskie lub pekan
- ½ łyżeczki Cynamon
- ¼ łyżeczki Skórka otarta z cytryny
- 2 łyżeczki Sok cytrynowy
- 1 żółtko jaja; rytm
- 1 łyżeczka Woda
- ¼ szklanki Cukier puder
- 1 łyżeczka Sok cytrynowy

INSTRUKCJE:
a) Przygotuj ciasto zgodnie z instrukcjami na opakowaniu dla ciasta z dwiema skórkami, używając 10-calowej tarty z wyjmowanym dnem lub 9-calowej patelni do ciasta.
b) Umieść 1 przygotowaną skórkę na patelni; naciśnij dolną i górną część naczynia. W razie potrzeby przytnij krawędzie.
c) Rozgrzej piekarnik do 400 F. Umieść blachę do pieczenia w piekarniku, aby się rozgrzał. W misce połącz jabłka, cukier, rodzynki, orzechy włoskie, cynamon, skórkę z cytryny i 2 łyżeczki soku z cytryny; lekko wrzucić do płaszcza. Przełożyć łyżką do wysmarowanej skórką formy.
d) Aby zrobić kratkę, pokrój drugą skorupę na paski o szerokości ½ cala. Ułóż paski w kratkę nad nadzieniem. Przytnij i uszczelnij krawędzie. W misce wymieszaj żółtko z wodą; delikatnie przeczesać siatkę.
e) Umieść tartę na podgrzanej blasze do pieczenia. Piec w temperaturze 400 F przez 40 do 60 minut lub do momentu, aż jabłka będą miękkie, a skórka złocista. Brzegi ciasta przykryć

paskami folii po 15-20 minutach pieczenia, aby zapobiec nadmiernemu przyrumienieniu. Schłodzić 1 godzinę.

f) W misce połącz składniki glazury , dodając tyle soku z cytryny, aby uzyskać pożądaną konsystencję musu. Skrop lekko ciepłą tartę. Fajny; zdejmij boki patelni.

48. Tarta morelowa z orzechami makadamia

Porcje: 12 porcji

SKŁADNIKI:
- 1½ szklanki Mąka
- ⅔ szklanki Masło; zmiękczone
- ¼ szklanki Brązowy cukier; zapakowane
- 2 łyżki stołowe Kakao
- 1 Jajka
- 8 uncji Suszone morele
- 3½ uncji Orzechy makadamia; grubo posiekane
- ⅓ szklanki Cukier
- ¼ szklanki Masło; stopiony
- ½ szklanki Syrop kukurydziany
- ¼ łyżeczki Sól
- 2 Jajka

MORELE W CZEKOLADIE
- ¼ szklanki Półsłodkie chipsy czekoladowe
- 1 łyżeczka Skracanie
- 12 Suszone morele

INSTRUKCJE:
a) Podgrzej powyżej dwóch 400¼. Wszystkie składniki na ciasto miksujemy, aż powstanie ciasto.
b) Dociśnij mocno i równomiernie do dna i boku nienatłuszczonej 11-calowej formy do tarty z wyjmowanym dnem. Piecz przez 10-12 minut lub do zestalenia.
c) Po upieczeniu ciasta rozgrzej piekarnik do 375 ¼. Zarezerwuj 12 moreli na morele w czekoladzie; grubo posiekaj pozostałe morele.
d) Na upieczone ciasto równomiernie posypać orzechami i posiekanymi morelami.
e) Ubij cukier, masło, syrop kukurydziany, sól i jajka na gładką masę. Polać orzechami i morelami.
f) Piec przez 25 do 30 minut lub do zestalenia.
g) Blachę wyłóż woskowanym papierem. Umieść chipsy i tłuszcz w małej misce nadającej się do użytku w kuchence mikrofalowej.

Mikrofale bez przykrycia na medium przez 2 do 3 minut lub do momentu, aż mieszanina będzie mogła być płynnie mieszana.

h) Zanurz połowę każdej moreli w mieszance czekoladowej; ułożyć na talerzu.

i) Odstaw, aż czekolada wyschnie. Ułożyć na tarte.

49. Tarta z kremem jeżynowo-orzechowym

Porcja: 1 porcja

SKŁADNIKI:
- ⅓ szklanki Mąka uniwersalna
- ½ łyżeczki Sól
- 1 8-uncjowe opakowanie serka śmietankowego, zmiękczone
- ¼ szklanki Słodzone mleko kondensowane
- 2 łyżki stołowe Cukier puder przesiany
- 1 16-uncjowe opakowanie mrożonych jeżyn, rozmrożonych i osuszonych
- ½ szklanki Cukier granulowany
- 3 łyżki Skrobia kukurydziana
- ½ szklanki Drobno mielone orzechy włoskie
- 1½ szklanki Cukier puder przesiany
- 2 łyżki stołowe Pieczenie o smaku maślanym
- ½ łyżeczki Wanilia
- ½ szklanki Pieczenie o smaku maślanym
- 3 łyżki Lodowata woda
- 1 łyżka Świeży sok z cytryny
- ¼ szklanki Chipsy z białej czekolady
- ¼ szklanki Orzechy włoskie
- 2 łyżki stołowe Syrop Boysenberry
- 1 łyżeczka Masło lub margaryna
- ½ łyżeczki Świeży sok z cytryny
- ⅛ łyżeczki Sól
- ½ łyżeczki Aromat maślany
- 4 łyżki śmietany kremówki

INSTRUKCJE:
a) Aby zrobić skórkę: Rozgrzej piekarnik do 425 stopni. Połącz mąkę i sól w misce. Pokrój tłuszcz za pomocą miksera do ciasta lub 2 noży, aż cała mąka zostanie zmieszana na dwa kawałki wielkości grochu.

b) Podlewać wodą, 1 łyżka co godzinę. Lekko wymieszać widelcem, aż ciasto utworzy kulę. Naciśnij między rękami, aby uformować „naleśnik" o średnicy od 5 do 6 cali.

c) Lekko posyp mąką powierzchnię toczną i wałek do ciasta. Rozwałkuj ciasto w kółko. Przytnij o 1 cal większy niż odwrócona 9-calowa tarta z wyjmowanymi rozmiarami. Ostrożnie rozwałkuj ciasto. Złożyć na ćwiartki. Lekko oprószamy mąką blachę do tarty.

d) Rozwałkuj ciasto i wciśnij je do formy do tarty. Przytnij krawędź równo z górną krawędzią obręczy. Spód i boki dokładnie nakłuć widelcem 50 razy, aby zapobiec skurczeniu.

e) Przykryj krawędź podwójną warstwą folii, aby zapobiec nadmiernemu brązowieniu.

f) Piec przez 10 do 15 minut lub do lekkiego zarumienienia. Ochłodzić do temperatury pokojowej.

g) Aby zrobić nadzienie z serka śmietankowego: Połącz ser śmietankowy, mleko skondensowane, cukier puder i sok z cytryny w misce. Ubijaj na niskich obrotach miksera elektrycznego, aż do uzyskania kremowej konsystencji. Umieść chipsy z białej czekolady i orzechy w misce robota kuchennego. Przetwarzaj, aż drobno posiekane. Wmieszać w masę serową. Rozsmarować na spodzie schłodzonej, upieczonej tarty.

h) Aby zrobić nadzienie owocowe: Połącz jeżyny, cukier, skrobię kukurydzianą i syrop z jagód w średnim rondlu. Gotuj i mieszaj na średnim ogniu, aż mieszanina zgęstnieje i będzie klarowna. Zdjąć z ognia. Wymieszać z masłem, sokiem z cytryny i solą. Przełożyć do miski. Ochłodzić do temperatury pokojowej. Łyżka na nadzienie serowe.

i) Aby zrobić polewę: posyp orzechami nadzienie owocowe w formie kratki.

j) Dwa dodatki: Połącz cukier puder, tłuszcz piekarski, wanilię, aromat maślany i 3 łyżki śmietany w misce. Ubij, aż będzie gładkie, dodając więcej śmietany, jeśli to konieczne, dla uzyskania pożądanej konsystencji. Włóż łyżkę do torebki dekoratora wyposażonej w odpowiednią końcówkę. Uformuj ozdobną obwódkę wokół krawędzi tarty.

k) Przechowywać w lodówce przez 1 do 2 godzin. Usuń rym. Pokroić na porcje. Resztki schłodzić.

50. Tarta marchewkowo-orzechowa

Porcje: 8 porcji

SKŁADNIKI:
- 1 Skorupa ciasta; częściowo upieczone
- 3 Jajka
- ⅓ szklanki Cukier
- 1 łyżeczka Sok z cytryny i skórka z cytryny
- 2 kubki Drobno posiekana marchewka
- 4 łyżki Masło, stopione
- ½ łyżeczki Proszek do pieczenia
- ⅔ szklanki Mąka
- ½ szklanki migdały
- ¼ szklanki Glazura morelowa

INSTRUKCJE:
a) Wymieszaj jajka, cukier, sok z cytryny i skórkę; dodać marchewkę i masło i dobrze wymieszać.
b) W osobnych miskach wymieszaj orzechy, mąkę i proszek do pieczenia. Wymieszaj dwie mieszanki; wlać do częściowo upieczonego ciasta lub tarty. Piec w temperaturze 400 stopni przez około 20 minut.
c) Na polewę, roztopione konfitury morelowe, dodać 2 łyżki brandy i posmarować wierzch tarty po wyjęciu z piekarnika.

51. Tarta karmelowo-orzechowa

Porcja: 1 porcja

SKŁADNIKI:
- 1 filiżanka Cukier
- ⅔ szklanki Ciężki krem
- ¼ szklanki niesolonego masła; pociąć na małe kawałki
- 3 łyżki Miód
- ½ łyżeczki Sól
- 2½ szklanki połówki orzechów włoskich
- 1 porcja ciasta Pâte Sucrée
- 2 uncje Słodko-gorzka czekolada; posiekana
- 2½ szklanki Mąka uniwersalna
- 3 łyżki Cukier
- 2 Pałeczki zimnego niesolonego masła; posiec
- 2 duże Żółtka
- 4 łyżki Lodowata woda

INSTRUKCJE:
a) W ciężkim rondlu zagotuj ¼ szklanki wody i cukier, mieszając, aż cukier się rozpuści. Syrop zagotować na patelni pod przykryciem, nie mieszając; możesz albo obrócić patelnię, albo umyć boki garnka za pomocą pędzla do ciasta zanurzonego w wodzie, aby usunąć wszelkie kryształki cukru, które przywarły, aż zacznie się złocić.

b) Ostrożnie dodaj śmietanę i ponownie podgrzej patelnię. Dodaj masło, miód i sól, mieszając, aż masło się roztopi, a mieszanina będzie gładka. Dodać orzechy włoskie i gotować bez przykrycia na średnim ogniu, od czasu do czasu mieszając, przez około 5 minut. Zdjąć z ognia i ostudzić.

c) W międzyczasie zwiń połowę pasztetu Sucrée między 2 arkuszami plastikowego opakowania na 11-calowy okrąg. Dopasuj ciasto do 9-calowej karbowanej formy do tarty z wyjmowanym dnem. Aby równomiernie przyciąć ciasto, przetocz wałek do ciasta po blasze do tarty. Schłodzić przez 20 do 30 minut.

d) Rozgrzej piekarnik do 400. Wypełnij tartę schłodzoną mieszanką orzechów włoskich, równomiernie rozprowadzając gumową szpatułką. Rozwałkuj pozostałe ciasto między 2 arkuszami plastikowego opakowania na 11-calowy okrąg. Przełożyć do tartej skorupy. Dociśnij górną krawędź skorupy do dolnej skorupy, aby ją uszczelnić. Przetocz wałek do ciasta po blasze do tarty, aby przyciąć brzeg. Zamrażaj przez 20 minut.

e) Piec na wyłożonej pergaminem blasze do pieczenia, aż skórka będzie złota, około 25 do 30 minut. Ostudzić na stojaku z drutu.

f) W podwójnym bojlerze nad ledwie gotującą się wodą rozpuść czekoladę, mieszając, aż będzie gładka. Czekoladę ostudzić i przełożyć do rękawa cukierniczego z bardzo małą gładką końcówką.

g) Wyszprycuj czekoladę okrągłym wzorem na całej powierzchni tarty. Lekka czekolada odstawiona w temperaturze pokojowej na około 1 do 2 godzin.

PATE SUCRÉE

h) Umieść mąkę i cukier w robocie kuchennym; puls do połączenia.

i) Dodaj masło; pulsuj, aż mieszanina będzie przypominać gruby posiłek, 10 do 20 sekund.

j) Lekko ubij żółtka; dodać lodowatą wodę. Dodaj do robota kuchennego, gdy maszyna pracuje; wyrabiać, aż ciasto będzie się kleić.

k) Ciasto podzielić na dwie części; okazać się dwoma oddzielnymi kawałkami plastikowego opakowania.

l) Spłaszcz każdy w kółko i zawiń w folię; schładzać przez co najmniej 1 godzinę.

52. **Orzechowe tarty owocowe**

Porcje: 6 porcji

SKŁADNIKI:
- 1½ szklanki Bita śmietana
- 1½ szklanki Dmuchane rodzynki
- 1 filiżanka Posiekane orzechy
- ½ szklanki Cukier
- 2 Banany, pokrojone
- 6 Wiśnie Maraschino, posiekane
- Kilka ziarenek soli

INSTRUKCJE:
a) Ubij śmietanę, aż będzie sztywna. Złóż cukier i sól. Podziel na 2 porcje.
b) Połącz banany i rodzynki z ½ śmietany. Lekko ułożyć upieczone pojedyncze muszle z ciasta. Przykryć pozostałym kremem. Udekoruj wiśniami i orzechami. 20 porcji.

53. Pomarańczowa tarta z orzechami brazylijskimi

Porcje: 4 porcje

SKŁADNIKI:
- 3 Jajka, oddzielone
- ¾ szklanki Cukier granulowany
- Skórka otarta z 1 pomarańczy
- 1 łyżeczka Ekstrakt waniliowy
- 2 kubki Drobno mielone orzechy brazylijskie
- 1½ łyżki Mąka uniwersalna
- ¼ łyżeczki Sól
- Garnirunek:
- 2 grejpfruty
- 2 Pomarańcze
- 4 duże Białka
- 1¼ szklanki Cukier granulowany

INSTRUKCJE:
a) Rozgrzej piekarnik do 350 stopni. Wyłóż 10-calową okrągłą blachę do ciasta pergaminem, masłem i mąką.
b) W misce ubić żółtka z cukrem na jasnożółty kolor. Dodać skórkę pomarańczową i wanilię, ubić na jasną i puszystą masę, odstawić.
c) W misce wymieszaj 1 szklankę orzechów brazylijskich z mąką i odłóż na bok. Resztę orzechów odłóż do dekoracji.
d) W innej misce ubij białka, aż się spienią. Posyp solą i kontynuuj ubijanie, aż utworzą się miękkie szczyty. Naprzemiennie dodawać mieszankę orzechów i mąki oraz ubitą mieszankę żółtek, aż do połączenia. Wlać do przygotowanej patelni.
e) Piec przez 25 do 30 minut lub do lekkiego zarumienienia. Odstawić na kratkę do ostygnięcia, na około 10 minut. Przesuń nożem wzdłuż krawędzi, aby poluzować i odwróć na talerz. Zdejmij pergamin i pozostaw do całkowitego ostygnięcia.
f) W międzyczasie rozgrzej piekarnik do 300 stopni. Umieść ciasto na blasze wyłożonej papierem do pieczenia.
g) Pracując nad miską, aby zebrać soki, obierz grejpfruty i pomarańcze i przekrój między błonami, aby usunąć części. Usuń

nasiona. Ułożyć sekcje na cieście. Sok przecedzamy przez sitko i polewamy ciasto.

h) W misce ubij białka, aż się spienią. Stopniowo dodawać cukier, ubijając, aż utworzą się sztywne szczyty, około 10 minut. Delikatnie dodaj zarezerwowaną 1 szklankę mielonych orzechów brazylijskich.

i) Bezę równomiernie rozsmarować na cieście i piec przez ½ godziny. Ostudź na kratce i podawaj.

54. Tarta z orzeszkami piniowymi

Porcje: 4 porcje

SKŁADNIKI:
- 1 Arkusz ciasta francuskiego
- 2 kubki Orzeszki piniowe
- 2 łyżki stołowe Miód
- 1 filiżanka Cukier
- 3 Jajka
- 3 łyżki Oliwa z oliwek z pierwszego tłoczenia
- Skórka otarta z 1 cytryny
- 2 łyżki stołowe likier orzechowy

INSTRUKCJE:
a) Rozgrzej piekarnik do 425 stopni. Umieść ciasto ciasno w muszli, zaciskając krawędzie dodatkowym ciastem, aby pomóc zachować krawędzie. Ciasto przykryć pergaminem, napełnić suszoną białą fasolą i wstawić do piekarnika.
b) Gotuj przez 8 do 10 minut, usuń pergamin i fasolę i gotuj, aż będą suche i jasnobrązowe, jeszcze około 8 do 10 minut. Wyjąć i pozostawić do ostygnięcia.
c) W misce wymieszaj orzeszki piniowe, miód, cukier, jajka, oliwę z oliwek, skórkę z cytryny i likier na gładką masę. Wlać do schłodzonej skorupy ciasta i piec 20 minut lub do momentu, gdy wierzch będzie dość twardy i lekko zrumieniony.
d) Pozostawić do ostygnięcia do temperatury pokojowej i podawać.

TARTY OWOCOWE

55. Tarty migdałowo-morelowe

Porcje: 18 porcji

SKŁADNIKI:
- ½ szklanki masła
- 3 uncje sera śmietankowego
- ⅓ szklanki masła
- ½ szklanki) cukru
- 1 każde Jajko
- ½ łyżeczki opakowanie zmiękczonej wanilii
- 1 Mąkę o wszechstronnym przeznaczeniu
- ⅔ szklanki grubo zmielonych prażonych blanszowanych migdałów
- ⅓ szklanki konfitury morelowej
- migdały pokroić

INSTRUKCJE:
a) CIASTO: Ubijaj ½ szklanki masła i twarogu mikserem elektrycznym przez 30 sekund. Wmieszaj mąkę. Przykryć i schłodzić przez 1 godzinę.
b) NADZIENIE: Ubijaj ⅓ szklanki masła mikserem elektrycznym przez 30 sekund. Ubij cukier, następnie jajko i wanilię.
c) Wmieszać mielone migdały. Wciśnij 1 łyżkę ciasta równomiernie w dno i boki każdej z osiemnastu 2- do 2 ½-calowych patelni do tart.
d) Na każdą tartę nałóż 1 łyżeczkę nadzienia migdałowego.
e) Piec na blasze do pieczenia przez 20 do 25 minut w piekarniku o temperaturze 350 F. Ostudzić tarty na patelni przez około 10 minut. W międzyczasie podgrzej i mieszaj konfitury morelowe na małym ogniu, aż się rozpuszczą.
f) Wyjmij tarty z foremek i umieść je na drucianych podstawkach. Gdy tarty są jeszcze ciepłe, posmarować nadzienie roztopionymi konfiturami.
g) W razie potrzeby udekoruj pokrojonymi migdałami. Fajny. Porcje: 18 tart.

56. Tarta ze śliwkami alzackimi

Sprawia, że: od 6 do 8

SKŁADNIKI:
- Masło
- 7 Duże czerwone śliwki bez pestek, każda pokrojona na 8 części
- 4 łyżki cukru
- 1 Ciasto Pasztet Sucrée
- ½ łyżeczki mielonego cynamonu
- 1 Białko jaja, ubite do wymieszania
- Lody waniliowe

INSTRUKCJE:
a) Rozgrzej piekarnik do 400F. Wyłóż blachę do pieczenia folią; folia maślana.

b) Ułóż śliwki na przygotowanym arkuszu, zachowując równe odstępy. Posypać 2 łyżkami cukru. Piec, aż śliwki będą miękkie, ale nadal będą miały kształt, około 30 minut. Fajne śliwki na prześcieradle.

c) Rozwałkuj ciasto na oprószonym mąką blacie na okrągły placek o średnicy 12 cali.

d) Przenieś ciasto na środek innej dużej dużej blachy do pieczenia. Nałóż na siebie śliwki w koncentrycznych kręgach na cieście, tworząc okrąg o średnicy 9 cali w środku.

e) Połącz pozostałe 2 łyżki cukru i cynamonu w misce. Mieszanką cukru posypać śliwki. Zawiń krawędź ciasta na śliwki, ściskając, aby uszczelnić wszelkie pęknięcia w cieście. Ciasto posmarować dwukrotnie białkiem.

f) Piecz tartę, aż skórka będzie złota, około 25 minut. Ostrożnie przejedź cienkim ostrym nożem pod krawędziami tarty, aby poluzować arkusz. Schłodzić przez 15 do 30 minut. Tartę podawać lekko ciepłą z lodami.

57. tarta jabłkowa

Porcje: 4 porcje

SKŁADNIKI:
SŁODKIE CIASTO:
- 1 szklanka mąki
- 3 łyżki cukru
- ¼ łyżeczki proszku do pieczenia
- szczypta soli
- 4 łyżki niesolonego masła
- 1 duże jajko

NADZIENIE JABŁKOWE:
- 3 Złote Pyszne Jabłka
- 2 łyżki cukru
- ¼ łyżeczki cynamonu

KREM KIRCHOWY:
- ⅔ szklanki gęstej śmietany
- 3 łyżki cukru
- 1 łyżka Kirschu
- 3 żółtka

INSTRUKCJE:
a) Na ciasto połączyć suche składniki w robocie kuchennym i miksować pulsacyjnie. Dodaj masło i puls. Dodaj jajko i kontynuuj pulsowanie, aż ciasto utworzy kulę. Rozwałkuj ciasto na 14-calowy dysk i wyłóż 10-calową formę do tarty. Ciasto schładzamy kilka godzin lub całą noc.

b) Obrać, wydrążyć gniazda nasienne, pokroić na pół i pokroić jabłka o grubości ⅛ cala; ułożyć na cieście, zachodząc na siebie. Posypać cukrem cynamonowym. Na krem połącz wszystkie składniki; ubijaj ręcznie, aż będzie gładkie i dobrze wymieszane; odcedź i zarezerwuj.

c) Piec w temperaturze 350 stopni przez około 35 minut lub do momentu, aż jabłka i skórka będą upieczone. Usuń tartę z góry; zalać kremem budyniowym, uważając, aby się nie wylał. Ponownie włóż tartę do piekarnika na 5 do 10 minut lub do momentu, aż krem się zetnie, ale nie będzie zabarwiony ani nadmuchany.

58. Tarta tatin z jabłkami i rodzynkami

Porcje: 6 porcji

SKŁADNIKI:
- 2 łyżki masła
- 3 łyżki rumu
- 1 szklanka mieszanki rodzynek i porzeczek
- 2 funty Z jabłkami
- Opakowanie 17 uncji mrożonego ciasta francuskiego
- ¼ szklanki plus 2 łyżki białego cukru
- Powyżej: 400F

INSTRUKCJE:
a) Jabłka obrać, wydrążyć gniazda nasienne i pokroić w ósemki. Napełnij miskę, wystarczająco dużą, aby umieścić w niej 9-calową żeliwną patelnię, kostkami lodu, a następnie uzupełnij wodą. Rozpuść masło na 9-calowej żeliwnej patelni na średnim ogniu. Dodaj cukier.
b) Mieszaj, aż zbrązowieje i TYLKO karmelizuje. Umieść patelnię w lodowatej wodzie, aby stwardniała, a następnie na stojaku do chłodzenia. Patrz wyżej. Rodzynki i porzeczki umieścić w misce. Dodać rum i zalać gorącą wodą. Odcedź po około 5 minutach.
c) Posyp karmel jedną trzecią rodzynek i porzeczek. Ułóż plasterki jabłek zaokrągloną stroną do dołu i ułóż je tak blisko siebie, jak to możliwe, w okrągły wzór. Posypać pozostałymi rodzynkami i porzeczkami.
d) Pokrój ciasto o 2 cale większe niż patelnia. Połóż ciasto na wierzchu i zawiń boki i pod krawędzią zewnętrznego rzędu jabłek. Piecz przez 30 minut, a następnie jeszcze gorące przełóż na ozdobny talerz.
e) Podawać jeszcze ciepłe ze świeżo ubitą śmietaną.

59. Tarta jabłkowo-cynamonowa

Porcje: 10 porcji

SKŁADNIKI:
- 1½ szklanki płatków owsianych
- 1 łyżka cynamonu
- ½ łyżeczki cynamonu
- ¾ szklanki soku jabłkowego
- 2 duże jabłka, obrane/plasterki
- 1 łyżeczka soku z cytryny
- ⅓ szklanki zimnej wody
- 1 opakowanie żelatyny bezsmakowej
- 2 szklanki beztłuszczowego jogurtu
- ¼ szklanki miodu
- ½ łyżeczki ekstraktu z migdałów

INSTRUKCJE:
a) Rozgrzej piekarnik do 350. Przygotuj talerz do ciasta z sprayem do gotowania. W misce wymieszaj płatki owsiane i 1 łyżkę cynamonu.
b) Wymieszaj z ¼ szklanki soku jabłkowego. Naciśnij na spód talerza do ciasta. Piec przez 5 minut lub do zestalenia. Fajny. W misce wrzuć plasterki jabłka z sokiem z cytryny; ułożyć na schłodzonym cieście w blaszce i odstawić.
c) Na patelni połącz wodę i pozostałe ½ szklanki soku jabłkowego. Posyp żelatynę mieszanką wody; odstawić na 3 minuty, aby zmiękły.
d) Gotuj i mieszaj na średnim ogniu, aż żelatyna całkowicie się rozpuści; zdjąć z ognia. Dodaj jogurt, miód, pozostałą ½ łyżeczki cynamonu i ekstrakt migdałowy; dobrze wymieszać.
e) W cieście wylać jabłka. Schładzamy kilka godzin lub całą noc.

60. Odwrócona tarta jabłkowo-żurawinowa

Sprawia, że:1

SKŁADNIKI:
- ⅔ szklanki cukru
- 3 łyżki wody
- 6 Jabłka tarty, obrane, pozbawione gniazd nasiennych i pokrojone w cienkie plasterki
- 1 szklanka żurawiny
- 3 łyżki cukru
- 1 łyżka masła
- 1 nieupieczona skorupa ciasta

INSTRUKCJE:
a) Gotuj ⅔ szklanki cukru i 3 łyżki wody w małym, przykrytym rondlu przez 5 minut. Odkryć i gotować do uzyskania złotego, gęstego karmelu.

b) Natychmiast zdejmij z ognia, aby karmel się nie przypalił. Wlać do 10-calowego szklanego lub metalowego talerza do ciasta. Wirować, aby pokryć dno.

c) Nałożyć jedną trzecią plasterków jabłka na karmel.

d) Na wierzchu ułożyć jedną trzecią żurawiny i posypać 1 łyżką cukru. Powtórzyć dwukrotnie z pozostałymi owocami i cukrem, Dot z masłem.

e) Ciasto ułożyć luźno na owocach. Piec w 400 przez 30 minut. Wyjąć na kratkę i ostudzić przez 5 minut. Przechylić talerz do ciasta nad miską i wylać nagromadzony sok. Odwróć talerz do serwowania nad ciastem. Obróć oba razem.

f) Zdejmij talerz do ciasta. Tartę podawaj na ciepło z lodami waniliowymi.

61. Tarta jabłkowo-malinowa

Porcje: 8 porcji

SKŁADNIKI:
- 1 Mąkę o wszechstronnym przeznaczeniu
- ½ łyżeczki soli
- ⅓ szklanki Skrócenie
- 2 łyżki Zimna woda; do 3
- 1 jajko; rozdzielony
- 23 uncje grubego sosu jabłkowego
- 1 szklanka świeżych malin LUB 10 uncji opak. mrożony; rozmrożone, odsączone
- 2 łyżki cukru
- ½ łyżeczki cynamonu
- ¾ szklanki mąki uniwersalnej
- ½ szklanki Mocno upakowanego brązowego cukru
- ½ łyżeczki cynamonu
- ⅓ szklanki margaryny lub masła; zmiękczone

INSTRUKCJE:
a) Rozgrzej piekarnik do 400F.
b) W misce wymieszaj mąkę i sól. Używając miksera do ciasta lub 2 noży, posiekaj tłuszcz piekarski w mieszance mąki, aż cząsteczki będą miały wielkość małego groszku.
c) Stopniowo dodawaj wodę, mieszając widelcem, aż masa będzie wilgotna.
d) Zbierz ciasto w kulę. Płaska piłka. Rozwałkuj na lekko posypanej mąką powierzchni od środka do krawędzi na okrąg o 1½ cala większy niż odwrócona 9-calowa forma do tarty.
e) Złóż ciasto na pół; umieścić na patelni. Rozwijać się; naciśnij dolną i górną część naczynia. W razie potrzeby przytnij krawędzie.
f) Piec w temperaturze 400 F przez 5 minut. Usuń z góry; zmniejszyć temperaturę piekarnika do 375F. W misce ubij białko jajka. Posmaruj całą powierzchnię częściowo upieczonego ciasta. Zachowaj żółtko do nadzienia.

g) W misce wymieszaj mus jabłkowy, maliny, cukier, ½ łyżeczki cynamonu i żółtko. Wlać do tortownicy wyłożonej ciastem.

h) W misce połącz wszystkie składniki polewy; posypać mieszanką owoców. Piec w temperaturze 375 F przez 40 do 50 minut lub do momentu, aż polewa będzie złocistobrązowa.

i) Fajny; zdejmij boki patelni. Podawać z bitą śmietaną.

62. Tarta Jagodowa Maślanka

Porcja: 1 porcja

SKŁADNIKI:
POWŁOKA
- 1½ szklanki mąki uniwersalnej
- ¼ szklanki) cukru
- ¼ łyżeczki soli
- ¼ funta zimnego masła; cięte kawałki
- 1 duże jajko; pokonać z
- 2 łyżki lodowatej wody
- Surowy ryż; do ważenia skorupy

Nadzienie z maślanki
- 1 szklanka maślanki
- 3 duże żółtka
- ½ szklanki) cukru
- 1 łyżka skórki z cytryny; ruszt
- 1 łyżka świeżego soku z cytryny
- ½ kija niesolonego masła; stopić, ostudzić
- 1 łyżeczka wanilii
- ½ łyżeczki soli
- 2 łyżki mąki uniwersalnej
- 2 szklanki jagód; przebierać
- Cukier cukierników

INSTRUKCJE:
POWŁOKA

a) W misce wymieszaj mąkę, cukier i sól. Dodaj masło i mieszaj, aż mieszanina będzie przypominać gruby posiłek. Dodaj mieszaninę żółtek, mieszaj, aż płyn zostanie włączony, i uformuj ciasto w dysk. Oprószyć mąką ciasto i schłodzić, owinięte w folię spożywczą, przez 1 godzinę. Na posypanej mąką powierzchni rozwałkuj ciasto na grubość ⅛ cala i włóż do 10-calowej formy na tartę z wyjmowanym karbowanym brzegiem.

b) Schłodzić skorupkę przez co najmniej 30 minut lub pod przykryciem przez noc.

c) Nagrzej piekarnik do 350 stopni.

d) Wyłóż muszlę folią i napełnij ją ryżem. Piecz skorupkę na środku piekarnika przez 25 minut.

e) Ostrożnie zdejmij folię i ryż i piecz muszlę jeszcze przez 5 minut lub do uzyskania bladozłotego koloru. Schłodzić skorupę na patelni na stojaku.

POŻYWNY

f) W blenderze lub procesorze zmiksuj składniki nadzienia na gładką masę. Rozłóż jagody równomiernie na dnie muszli.

g) Wlać nadzienie z maślanki na jagody i piec na środku piekarnika przez 30 do 35 minut lub do zestalenia.

h) Zdejmij brzeg formy i całkowicie ostudź tartę w blaszce na ruszcie. Przesiej cukier puder na tartę i podawaj w temperaturze pokojowej lub schłodzone z lodami jagodowymi. Źródło: Conde Nast's Gourmet's Weekends.

63. Tarta z mieszanymi owocami

Porcje: 8 porcji

SKŁADNIKI:
- ¼ szklanki rodzynki
- ½ szklanki Gotująca się woda
- 8 kromki białego chleba
- 1½ szklanki 1% Mleko o niskiej zawartości tłuszczu, podzielone
- 1 filiżanka Obrana, posiekana gruszka
- 2 łyżki stołowe Mąka
- ¼ szklanki + 2 Tb. cukier, podzielony
- 2 łyżki stołowe Mąka kukurydziana
- 1 łyżeczka Skórka otarta z cytryny
- 3 Jajka, lekko ubite
- ½ szklanki Beznasienne czerwone winogrona o połowę
- 2 łyżeczki Posiekany świeży rozmaryn
- 2 łyżeczki Oliwa z oliwek

INSTRUKCJE:
a) Połącz rodzynki i wrzącą wodę; łatwe stanie przez 15 minut. Odcedź i odłóż na bok.
b) Odkrój skórki z chleba. Pokrój każdy plasterek na 4 trójkąty; ułożyć w jednej warstwie w naczyniu do pieczenia o wymiarach 13 x 9 x 3. Zalej chleb ½ szklanki mleka i odstaw na 5 minut.
c) Ostrożnie ułóż trójkąty z chleba na dnie 10-calowego naczynia do quiche pokrytego sprayem do gotowania.
d) Na wierzchu jabłko i gruszka.
e) Umieść mąkę w misce i stopniowo dodawaj pozostałe mleko, mieszając trzepaczką aż do połączenia.
f) Wymieszaj cukier, mąkę kukurydzianą, skórkę z cytryny i jajka; dobrze wymieszać.
g) Wlać mieszankę mleczną na jabłko i gruszkę; posypać rodzynkami i winogronami i posypać rozmarynem.
h) Mieszankę skropić olejem; posypać pozostałym cukrem.
i) Piec w temperaturze 350 F przez 50 minut lub do zestalenia; ostudzić na metalowej podstawce. Pokroić w kliny.

64. Świąteczne tarty owocowe

Porcje: 10 porcji

SKŁADNIKI:
- 3 filiżanki Zwykły beztłuszczowy jogurt
- Spray do gotowania
- 1¾ szklanki Zwykły owies, niegotowany
- ¼ szklanki Mocno upakowany brązowy cukier
- 2 łyżki stołowe Mąka uniwersalna
- ½ szklanki Malinowy Rozsmarowywany Owoc
- 6 łyżek Margaryna, stopiona
- 12 uncji niskotłuszczowego sera śmietankowego, zmiękczonego
- 6 łyżek Cukier
- 1½ łyżki Skórka otarta z cytryny
- 1½ łyżki Sok cytrynowy
- 2 kubki Mrożone maliny, rozmrożone i odsączone

INSTRUKCJE:
a) Umieść jogurt w durszlaku wyłożonym filtrem do kawy; umieść go na misce i przykryj folią spożywczą. Przechowywać w lodówce i odcedzać przez 12 godzin.
b) Rozgrzej piekarnik do 350'F.; spryskaj dziesięć 4½-calowych foremek na tartaletki PAM. W misce robota kuchennego zmiel owies, brązowy cukier i mąkę, aż zostaną drobno zmielone.
c) Dodaj margarynę; przetwarzać do połączenia. Umieść 3 łyżki mieszanki owsianej w każdej foremce do tartaletek; dociśnij równomiernie na spodzie i ½ cala na bokach. Umieść foremki na tartaletki na arkuszu galaretki; piecz przez 15-17 minut lub do uzyskania złotego koloru. Całkowicie ostudź na stojakach z drutu.
d) W misce ubij kremowy serek na gładką masę. Wymieszaj odsączony jogurt, cukier, skórkę z cytryny i sok. Łyżką równomiernie na przygotowane skórki. Polać 2 łyżkami sosu owocowego, przykryć i schłodzić przez co najmniej 3 godziny.
e) SOS OWOCOWY: W średnim rondlu wymieszaj All Fruit na małym ogniu, aż będzie gładki; wymieszać z owocami.

65. Tęczowa tarta owocowa

Porcje: 8 porcji

SKŁADNIKI:
- ½ Serwowanie słodkiego ciasta na placki i tarty

NADZIENIE Z BIAŁEJ CZEKOLADY
- ⅔ szklanki Ciężki krem
- 10 uncji Biała czekolada
- 1 łyżka Kirsch lub biały rum

WYKOŃCZENIOWY
- 1 półkwarta Truskawki
- 2 Kiwi
- ½ pinty Maliny
- Prażone migdały w plasterkach lub posiekane
- Pistacje
- Cukier cukierników

INSTRUKCJE:
a) W przypadku tarty rozgrzej piekarnik do 350 stopni i ustaw ruszt na środkowym poziomie. Formę do tarty wysmarować masłem. Na posypanej mąką powierzchni rozwałkuj ciasto i wyłóż nim 9-calową formę do tarty. Nakłuć ciasto zębami widelca i wyłożyć kawałkiem pergaminu lub woskowanego papieru.
b) Napełnij suchą fasolą. Piecz skorupę tarty przez około 20 do 30 minut, aż będzie sucha i nabierze głębokiego złotego koloru. Ostudź tartę na kratce.
c) W przypadku nadzienia czekoladowego zagotuj śmietankę w średnim rondlu na małym ogniu.
d) Zdejmij z ognia i od razu dodaj czekoladę. Potrząśnij patelnią, aby cała czekolada była zanurzona i odstaw na 3 minuty, aby czekolada się rozpuściła.
e) Dodać likier i zmiksować na gładko. Wlej nadzienie do miski i wstaw do lodówki, aż zgęstnieje, ale nie stwardnieje, około 20 minut, mieszając od czasu do czasu podczas chłodzenia.
f) Lekko ubij nadzienie, aby było wystarczająco gładkie, aby się rozsmarować.

g) Rozłóż nadzienie równomiernie w schłodzonej skorupce tarty.
h) Ułóż owoce w koncentrycznych rzędach na nadzieniu czekoladowym, lekko je dociskając.
i) Aby wyjąć tartę z formy, postaw formę do tarty na dużej puszce lub pojemniku i pozwól, aby ściana formy opadła.
j) Zsunąć tartę z dna formy na duży talerz o płaskim dnie.
k) Bezpośrednio przed podaniem posypać tartę migdałami lub pistacjami i posypać cukrem pudrem.

66. Tarta owocowa z kremem waniliowym

Porcje: 12 porcji

SKŁADNIKI:
- ¾ szklanki Masło lub margaryna - Zmiękczone
- ½ szklanki Cukier cukierników
- 1½ szklanki Mąka uniwersalna
- 10 uncji Opakowanie chipsów waniliowych, roztopionych i schłodzonych
- ¼ szklanki Bita śmietana
- 8 uncji Opakowanie serka śmietankowego, zmiękczonego
- 1 kufel świeżych truskawek, pokrojonych
- 1 filiżanka Świeże jagody
- 1 filiżanka Świeże maliny
- ½ szklanki Sok ananasowy
- ¼ szklanki Cukier
- 1 łyżka Skrobia kukurydziana
- ½ łyżeczki Sok cytrynowy

INSTRUKCJE:
a) W misce utrzeć masło z cukrem pudrem. Ubić w mące.
b) Wklep dno wysmarowanej tłuszczem 12-calowej formy patelnia do pizzy.
c) Piec w 300 przez 25-28 minut lub do lekkiego zrumienienia.
d) Fajny. W innej misce ubij stopione chipsy i śmietanę.
e) Dodaj serek śmietankowy; ubijać do gładkości. Rozsmarować na cieście. Schładzaj przez 30 minut.
f) Ułóż jagody na nadzieniu. W rondlu połącz sok ananasowy, cukier, skrobię kukurydzianą i sok z cytryny; doprowadzić do wrzenia na średnim ogniu.
g) Gotować przez 2 minuty lub do zgęstnienia, ciągle mieszając.
h) Fajny; posmarować owocami. Schłodzić 1 godzinę przed podaniem. Przechowywać w lodówce.

67. Paryska tarta owocowa

Porcje: 6 porcji

SKŁADNIKI:
- Opakowanie 10 uncji mrożonych muszli paszteców
- Cukier
- 1 filiżanka mleko
- 1 filiżanka Ciężki krem
- Opakowanie 4 uncji miękkiej mieszanki deserowej o smaku waniliowym
- 2 banany
- 2 łyżki stołowe Sok cytrynowy
- ⅓ szklanki Konfitury morelowe
- 2 kubki Bezpestkowe zielone winogrona, umyte
- 8¼ uncji pokrojonego ananasa, odsączonego.

INSTRUKCJE:
a) Wyjmij muszle paszteców z opakowania. Rozmrażaj w temperaturze pokojowej przez pół godziny.
b) Ułóż krążki ciasta, lekko nachodząc na siebie, wzdłuż na lekko posypanej mąką powierzchni. Rozwałkuj na prostokąt 16x4 cali.
c) Umieść na nienatłuszczonej dużej blasze do ciastek; równomiernie przyciąć krawędzie; dobrze nakłuć widelcem; schłodzić przez 30 minut.
d) Cienko zrolować skrawki; pokroić w paski o szerokości ⅓ cala i długości około 4 cali; szczotkować wodą; ściśnij końce razem, aby powstały pierścienie.
e) Pierścienie posmarować wodą, a następnie zanurzyć w cukrze; ułożyć na blasze razem z prostokątem ciasta.
f) Piec ciasto i pierścionek w piekarniku w temperaturze 400 stopni przez 10 minut. pierścienie rezerwowe do dekoracji.
g) Piec prostokąt ciasta 10 minut dłużej lub do uzyskania złotego koloru.
h) Usuń dwa stojaki z drutu; Fajny.

i) Połącz mleko, ¼ szklanki śmietanki i mieszankę deserową w małej głębokiej misce; beat, postępując zgodnie z instrukcjami na etykiecie . Schładzaj przez 15 minut.

j) Obierz i pokrój banany w plastry o grubości ¼ cala. Skrop sokiem z połowy cytryny.

k) Ciasto podzielić na dwie warstwy.

l) Umieść dolną warstwę na długim półmisku lub desce; posmarować około ⅔ miękkiego deseru; ułożyć plastry banana na dłuższych bokach; posmarować pozostałą mieszanką deserową.

m) Przykryć drugą warstwą ciasta.

n) Podgrzej konfitury morelowe z pozostałym sokiem z cytryny, aż się rozpuszczą na patelni; lekko schłodzić. Posmaruj całą tartę.

o) Ubij pozostałą śmietanę na sztywno w misce.

p) Pape lub rozsmaruj bitą śmietanę na wierzchu ciasta.

q) Ułóż równe rzędy winogron w śmietanie, zaczynając od zewnętrznych krawędzi.

r) Plasterki ananasa przekroić na pół i ułożyć na środku.

s) Udekoruj zarezerwowanymi krążkami ciasta.

68. Premierowa tarta z białymi owocami

Porcja: 1 porcja

SKŁADNIKI:
- Ciasto na jedno ciastko; 9-calowe ciasto
- ⅓ szklanki Cukier granulowany
- ¼ szklanki Mąka uniwersalna
- 3 Żółtka
- 1 filiżanka mleko
- Pakiet 6 uncji białych batoników do pieczenia, posiekanych
- 1 łyżeczka Ekstrakt waniliowy
- ¼ szklanki dżem morelowy; ogrzany
- 2 Kiwi; obrane i pokrojone w plastry
- 1 filiżanka Maliny
- Premier White Liście, opcjonalnie

INSTRUKCJE:
a) Wyłóż 9-calową tartę z ciastem; przyciąć krawędzie.
b) Ciasto nakłuwamy widelcem. Piec w nagrzanym piekarniku o temperaturze 425 stopni F przez 10 do 12 minut, aż skórka się lekko zrumieni. Ochłodzić do temperatury pokojowej.
c) Połącz cukier i mąkę na patelni; wymieszać z żółtkami i mlekiem.
d) Gotuj na średnim ogniu, ciągle mieszając, aż mieszanina się zagotuje.
e) Zredukować ciepło. Gotować na wolnym ogniu, ciągle mieszając, przez 3 minuty, aż masa zgęstnieje i będzie gładka. Zdjąć z ognia.
f) Dodaj batoniki i wanilię; mieszać, aż będzie gładkie.
g) Dociśnij folię bezpośrednio do powierzchni wypełnienia; ochłodzić się całkowicie.
h) Zdjąć skorupkę tarty z formy. Posmaruj dżemem dno; łatwe stanie przez 5 minut.
i) Posmarować farszem. Ułóż owoce na wierzchu. Chłod. W razie potrzeby udekoruj Premier White Leaves.

TARTA WARZYWNA

69. Alpejska tarta ziemniaczana

Porcje: 10 porcji

SKŁADNIKI:
- 7 dużych ziemniaków Idaho
- 3 szklanki sera szwajcarskiego, posiekanego
- 3 szklanki gęstej śmietany
- 3 łyżeczki Czosnek, posiekany
- 1 łyżka soli
- 2 łyżeczki czarnego pieprzu, świeżo zmielonego
- 1 łyżka świeżych liści tymianku, posiekanych
- 1 łyżeczka masła, zmiękczonego
- Rozgrzej piekarnik do 300 stopni F.

INSTRUKCJE:
a) Obierz ziemniaki i pokrój je w plastry o grubości około ⅛ cala. Odłożyć na bok.
b) W misce połącz plastry ziemniaków, połowę startego sera, śmietanę, czosnek, sól, pieprz i tymianek. Mieszaj, aż dobrze się połączą.
c) Nasmaruj 9-calową kwadratową patelnię do ciasta lub naczynie żaroodporne zmiękczonym masłem na spodzie i bokach. Umieść mieszankę ziemniaczaną na dnie patelni i mocno dociśnij podczas dodawania. Gdy cała mieszanka znajdzie się na patelni, upewnij się, że jest mocno upakowana. Posyp pozostałą połową sera.
d) Piec w nagrzanym piekarniku, aż góra będzie złocistobrązowa, około 1,5 godziny. Wyjmij ziemniaki z piekarnika i pozwól im odpocząć przez 15 minut przed pokrojeniem. Pokrój na 2-3-calowe kwadraty.

70. Tarta z karczochami

Porcje: 8 porcji

SKŁADNIKI:
- 1 ciasto pieczone na ślepo w 10 fletach; D
- 1 tortownica
- 2 łyżki oliwy z oliwek
- 1 uncja pancetty; Julienned
- ½ szklanki mielonej cebuli
- 2 łyżki posiekanej szalotki
- 6-uncjowe julienne serca karczochów
- 1 łyżka posiekanego czosnku
- ¼ szklanki gęstej śmietany
- 3 łyżki szyfonu ze świeżej bazylii
- 1 sok z jednej cytryny
- ½ szklanki startego sera Parmigiano-Reggiano
- ½ szklanki startego sera Asiago
- 1 sól; dwa klucze
- 1 świeżo zmielony czarny pieprz; dwa klucze
- 1 szklanka ziołowego sosu pomidorowego; ciepły
- 1 łyżka szyfonowej bazylii
- 2 łyżki tartego parmezanu

INSTRUKCJE:
a) Rozgrzej piekarnik do 350 stopni.
b) Na patelni sauté rozgrzej oliwę z oliwek.
c) Podsmaż pancettę przez 1 minutę.
d) Dodaj cebulę i szalotki i smaż przez 2 do 3 minut.
e) Dodaj serca i czosnek i kontynuuj smażenie przez 2 minuty.
f) Dodaj śmietanę. Dopraw solą i pieprzem. Wymieszać z bazylią i sokiem z cytryny.
g) Zdjąć z ognia i ostudzić. Rozłóż mieszankę karczochów na dnie formy do tarty. Mieszankę posypać serem.
h) Piecz przez 15 do 20 minut lub do momentu, aż sery się roztopią i nabiorą złocistego koloru. Na środek talerza wylej kałużę sosu. Na środku sosu ułożyć plasterek tarty.

i) Udekoruj tartym serem i bazylią.

71. **Tarta Sernikowa z Dyni**

Tworzy: 1

SKŁADNIKI:
SKÓRA
- ¾ szklanki mąki migdałowej
- ½ szklanki siemienia lnianego
- ¼ szklanki masła
- 1 łyżeczka przyprawy do ciasta dyniowego
- 25 kropli płynnej stewii

NADZIENIE
a) 6 uncji wegańskiego sera śmietankowego
b) ⅓ szklanki puree z dyni
c) 2 łyżki kwaśnej śmietany
d) ¼ szklanki wegańskiej ciężkiej śmietanki
e) 3 łyżki masła
f) ¼ łyżeczki przyprawy do ciasta dyniowego
g) 25 kropli płynnej stewii

INSTRUKCJE:
a) Połącz wszystkie skorupy suche składniki i wpatrywać się dokładnie.
b) Zmiksuj razem suche składniki z masłem i płynną stewią, aż powstanie ciasto.
c) Aby przygotować mini foremki do tarty, rozwałkuj ciasto na małe kulki.
d) Dociśnij ciasto do ścianek formy do tarty, aż będzie sięgać i podnosić się po bokach.
e) Wszystkie składniki nadzienia łączymy w misce.
f) Zmiksuj składniki nadzienia za pomocą blendera zanurzeniowego.
g) Gdy składniki nadzienia będą gładkie, rozprowadź je na cieście i schłodź .
h) Wyjmij z lodówki, pokrój w plastry i ewentualnie udekoruj bitą śmietaną.

72. Pieczone tarty warzywne

Porcja: 1 porcja

SKŁADNIKI:
- 450 gramów Ziemniaki; obrane, starte,
- 1 duży Pasternak; obrane i starte
- 50 gramów zwykłej mąki
- Sól i świeżo mielony pieprz
- 3 olej roślinny 5 ml
- 2 papryka; rdzeniowe i grubo posiekane
- 1 Cukinia; pokroić na kawałki
- 2 Ząbki czosnku; zgnieciony
- 1 Czerwona cebula; pokroić na kawałki
- 2 125 g ziemniaków; dobrze wyszorowany
- 25 gramów Wegetariańskie Pecorino; płatki

INSTRUKCJE:
a) Rozgrzej piekarnik do 220°C/425°F/Gas Mark 7
b) Zmieszaj startego ziemniaka, pasternak i mąkę; doprawić solą i pieprzem, następnie wymieszać 2 x 15ml łyżką / 2 łyżkami oleju.
c) Podziel na 4 kopce na dobrze natłuszczonej blasze do pieczenia i uformuj gniazda o średnicy 10 cm / 4 cale z lekko uniesionymi krawędziami. Przykryć folią spożywczą i schłodzić przez 30 minut.
d) W międzyczasie wymieszać paprykę, cukinię, czosnek i cebulę. Ziemniaki kroimy wzdłuż na równe ćwiartki i dodajemy do pozostałych warzyw.
e) Wrzuć warzywa do pozostałego oleju z solą i pieprzem, a następnie piecz w piekarniku przez 20 minut.
f) Odwróć warzywa. Odkryj tarty i umieść je w piekarniku na osobnej blasze, kontynuuj pieczenie przez kolejne 20 minut.
g) Przełóż tarty do półmisków i połóż na nich pieczone warzywa.
h) Posyp płatkami sera pecorino i natychmiast podawaj.

73. Brioche z pieczonymi warzywami i kozim serem

Porcje: 8 porcji

SKŁADNIKI:
- ½ uncji Świeże drożdże
- 3 ½ uncji Ciepła woda
- 8 uncji Mocna zwykła biała mąka
- 1 uncja cukru
- 2 jajka
- 4 uncje niesolonego masła
- 1 mały Bakłażan
- 1 średni Cukinia
- 2 łyżki stołowe Oliwa z oliwek
- Opakowanie 15 g świeżego tymianku
- 2 Ząbki czosnku; grubo pokrojone
- 1 czerwona papryka
- 3 ½ uncji sera koziego; pokrojony
- Sól i świeżo mielony czarny pieprz

INSTRUKCJE:
a) Rozgrzej piekarnik do 400 F.
b) Drożdże wymieszać z ciepłą wodą, dodać 4 łyżki mąki pszennej, przykryć miskę folią spożywczą i odstawić w ciepłe miejsce na 10-15 minut.
c) Pozostałą mąkę wsyp do miski.
d) Dodaj cukier, jajka, mieszankę drożdży i szczyptę soli. Ubijaj dobrze przez 5 minut.
e) Przykryj miskę folią spożywczą i odstaw ciasto w ciepłe miejsce na 30 minut lub do czasu, aż ciasto podwoi swoją objętość.
f) Bakłażana i cukinię kroimy wzdłuż.
g) Ułóż je na blasze do pieczenia i posmaruj oliwą z oliwek. Posyp 1 ząbek czosnku i trochę tymianku na wierzchu. Piec przez 10 minut.
h) Umieść czerwoną paprykę na osobnej tacy, posmaruj oliwą z oliwek i posyp czosnkiem i tymiankiem. Piec w piekarniku przez 20 minut, aż będą miękkie. Gdy ostygnie zdjąć skórkę.

i) Gdy ciasto brioche podwoi swoją objętość, włóż miskę z powrotem do miksera i stopniowo ubijaj miękkie masło. Ponownie przykryj miskę folią spożywczą i odstaw miskę w ciepłe miejsce na kolejne 30 minut.

j) Gdy brioszka podwoi swoją objętość, po około 30-40 minutach wyjmij ją z miski. Lekko posyp mąką powierzchnię roboczą i rozwałkuj ciasto na grubość ¾ cala i umieść ciasto na dnie nieprzywierającej formy.

k) Ułóż kozi ser i pieczone warzywa na wierzchu ciasta, pozostawiając ¾ cala wokół zewnętrznej krawędzi. Posypać świeżym tymiankiem i doprawić solą i świeżo zmielonym czarnym pieprzem.

l) Piec w piekarniku przez 35 minut do uzyskania złotego koloru.

m) Wyjąć z formy i posmarować pozostałą oliwą z oliwek.

74. Pikantna tarta warzywna

Porcje: 6 porcji

SKŁADNIKI:
CIASTO CIASTECZNE
- 2 kubki Niebielona biała mąka
- ⅓ szklanki Mąka pełnoziarnista
- ½ łyżeczki Sól
- ½ szklanki Olej roślinny
- 4 łyżki Mleko odtłuszczone lub o niskiej zawartości tłuszczu; w razie potrzeby do 5
- 4 łyżeczki Oliwa z oliwek
- 2 duże Cebule; pokrojony
- ½ łyżeczki Sól
- ¼ łyżeczki Świeżo mielony czarny pieprz
- 2 średnie Cukinia; cienko pokrojony
- 3 Pomidory śliwkowe; cienko pokrojony

INSTRUKCJE:
a) Rozgrzej piekarnik do 400 F. W misce wymieszaj mąkę i sól.
b) Stopniowo dodawać olej, mieszając widelcem, aż powstanie kruszonka. Mieszając widelcem, dodaj tyle mleka, aż mieszanina połączy się w kulę. Uformować w mały dysk.
c) Rozwałkuj ciasto między dwoma arkuszami woskowanego papieru na 12-calowy okrągły placek o grubości około ¼ cala.
d) Usuń górny arkusz papieru i odwróć ciasto, bez rozciągania, do 9-calowej okrągłej formy do tarty z wyjmowanym dnem.
e) Ostrożnie zdejmij górną część woskowanego papieru. Dopasuj ciasto wzdłuż dna i boków formy do tarty i przytnij krawędzie.
f) Spód wyłożyć luźno folią aluminiową i wypełnić suszoną fasolą lub obciążnikami do ciasta.
g) Piec przez 15 minut. Zdejmij folię i fasolę i piecz na złoty kolor, jeszcze około 15 minut. Przenieś na metalową kratkę i pozostaw do ostygnięcia. Zmniejsz temperaturę piekarnika do 375 F.
h) Na dużej patelni rozgrzej olej na średnim ogniu.

i) Dodaj cebulę i gotuj, mieszając od czasu do czasu, aż uzyskasz złoty kolor, od 15 do 20 minut.

j) Przełożyć na spód i równomiernie rozprowadzić. Dopraw odrobiną soli i pieprzu.

k) Dodaj cukinię na patelnię i smaż, aż będzie lekko złota, około 2 minuty z każdej strony.

l) Ułóż plastry cukinii i pomidorów w naprzemiennych kręgach na cebuli, posypując pozostałą solą i pieprzem. Piec, aż pomidory zmiękną, około 25 minut. Podawaj na ciepło lub przenieś na metalową kratkę, aby ostygło, a następnie wstaw do lodówki, aż będzie gotowe do podania.

75. Tarta z kremem warzywnym

Porcja: 1 porcja

SKŁADNIKI:
- ¼ funta Asortyment grzybów dzikich i egzotycznych str
- 5 plasterków czerwone cebule
- 5 plasterków Bakłażan
- 10 plasterków Cukinia
- 10 plasterków Żółty squash
- ¼ szklanki Oliwa z oliwek
- Sól i świeżo zmielony czarny pieprz do smaku
- 4 duże Żółtka
- 2 kubki Ciężki krem
- ½ szklanki Świeżo starty Parmigiano-Reggiano ser
- 1 łyżka Posiekane świeże liście pietruszki
- 1 kreska sos Worcestershire
- 1 odrobina ostrego sosu
- ½ podstawowego ciasta na pierogi; rozwinięty

INSTRUKCJE:
a) Rozgrzej piekarnik do 400 stopni.
b) Włóż grzyby i warzywa do miski, dodaj oliwę z oliwek, dopraw solą i pieprzem. Rzuć dwie warstwy.
c) Rozłóż warzywa równomiernie na dużej blasze do pieczenia i piecz, aż będą lekko złote, około 20 minut.
d) Wyjąć z piekarnika i ostudzić.
e) Zmniejsz temperaturę piekarnika do 350 stopni.
f) W innej misce połącz żółtka i ciężką śmietanę i dobrze wymieszaj. Dodaj ser, pietruszkę, Worcestershire i ostry sos, dopraw solą i pieprzem.
g) Ubij, aby wymieszać.
h) Wyłóż 10-calową patelnię do ciasta ciastem i zagnij krawędzie.
i) Na dnie patelni ułóż warstwami bakłażana, następnie dynię, cukinię, pieczarki i cebulę.
j) Równomiernie wlej masę jajeczną na wierzch.

k) Piec, aż środek się zetnie, a wierzch będzie złoty, około 50 minut.

l) Wyjmij z piekarnika i pozostaw do ostygnięcia na 5 minut przed pokrojeniem.

TARTY SEROWE

76. Tarta z serem alzackim

Porcje: 10 porcji

SKŁADNIKI:
- 4 szklanki mąki tortowej
- ⅝ szklanki cukru
- 2½ kostki słodkiego masła
- 1 całe jajko
- 16 uncji sera Ricotta
- ¾ szklanki gęstej śmietany
- 4 duże jajka, oddzielone
- odrobina świeżego soku z cytryny
- szczypta ziaren świeżej wanilii LUB
- 2 krople na 3 krople ekstraktu waniliowego
- 2 łyżki Kirschu
- ¾ szklanki na 1 szklankę cukru
- ½ łyżeczki mielonego cynamonu
- 1 łyżeczka ekstraktu waniliowego
- Skórka otarta z ½ cytryny

INSTRUKCJE:
a) Wszystkie składniki dobrze wymieszać, nie przepracowując ciasta. Pozwól ciastu odpocząć przez 30 minut przed użyciem.
b) Rozgrzej piekarnik do 375F. Rozwałkuj ciasto na posypanej mąką powierzchni i wyłóż ciastem dno i boki 9-calowej do 10-calowej formy do tarty / ciasta.
c) Ubij ricottę i śmietanę razem w misce; dodać żółtka, cukier, cynamon, wanilię, kirsch i skórkę z cytryny. Dokładnie wymieszaj, aż będzie bardzo gładkie.
d) Białka ubić na sztywną pianę i delikatnie wymieszać z ciastem.
e) Wlać ciasto do tortownicy wyłożonej ciastem.
f) Piecz przez 40 do 45 minut lub do momentu, aż będą lekko dmuchane i bardzo brązowe. Całkowicie ostudzić tartę, a następnie schłodzić przez kilka godzin przed krojeniem.

77. Tarty sernikowe Amaretto

Porcje: 24 porcje

SKŁADNIKI:
- ⅓ szklanki Ziarna słonecznika lub migdały drobno zmielone
- 8 uncji sera śmietankowego
- 1 jajko
- ⅓ szklanki niesłodzonych wiórków kokosowych
- 2 łyżki miodu
- 2 łyżki likieru Amaretto

INSTRUKCJE:
a) Wyłóż papierowe foremki do dwóch foremek na muffinki.
b) Połącz ziarna słonecznika i kokos.
c) Umieść 1 łyżeczkę tej mieszanki w każdej wkładce.
d) Dociśnij wierzchem łyżki, aby przykryć dna.
e) Rozgrzej piekarnik do 325F.
f) Aby przygotować nadzienie, pokrój serek śmietankowy na 8 bloków i zmiksuj z jajkiem, miodem i Amaretto w robocie kuchennym, blenderze lub misce, aż uzyskasz gładką i kremową konsystencję.
g) Nałóż łyżkę nadzienia do każdej tartaletki i piecz przez 15 minut

78. Tarta z belgijskim serem

Porcje: 8 porcji

SKŁADNIKI:
- Bułka maślana
- ½ funta śmietankowego sera
- 3 łyżki Cukier cukierników
- 1 łyżeczka Sok cytrynowy
- 2 jajka; Duży
- ⅔ szklanki Ciężki krem

INSTRUKCJE:
a) Rozgrzej piekarnik do 350 stopni F. W misce ubij razem ser, cukier i sok z cytryny, aż mieszanina będzie lekka i puszysta. Dodaj jajka, jedno po drugim, dobrze ubijając po każdym dodaniu. Po ostatnim dodaniu ubij, aż będzie bardzo gładkie.
b) Wymieszaj śmietanę i wlej mieszaninę do przygotowanej skorupy.
c) Wierzch tarty posmarować roztrzepanym jajkiem i cukrem pudrem.
d) Piec przez 25 minut lub do zestalenia. Schłodzić do temperatury pokojowej, a następnie schłodzić przed podaniem.

79. Tarta z papryką i serem

Porcje: 6 porcji

SKŁADNIKI:
- 1½ szklanki Mąka uniwersalna
- 1 łyżeczka Cukier
- ¼ łyżeczki Sól
- ½ szklanki schłodzonego niesolonego masła, pokrojonego na kawałki
- 4 łyżki lodowatej wody
- 10 Włócznie szparagów, przycięte i pokrojone na 1-calowe kawałki
- 3 łyżki Oliwa z oliwek
- 2 Czerwona papryka pokrojona w paski wielkości zapałki
- 2 Papryka zielona pokrojona w paski wielkości zapałki
- 2 małe Pory pokrojone w paski wielkości zapałki
- 1 filiżanka Tarty ser Gruyere
- 1 filiżanka Tarty ser mozzarella

INSTRUKCJE:
DO SKORUPY:
a) Zmiksuj mąkę, cukier i sól w robocie kuchennym.
b) Dodaj masło i wcieraj na przemian, aż mieszanina będzie przypominać gruboziarnisty posiłek.
c) Mieszaj łyżką tyle wody, aż ciasto zacznie się zlepiać.
d) Zbierz ciasto w kulkę; spłaszczyć go na dysk.
e) Zawiń w folię i wstaw do lodówki na 1 godzinę.
f) Rozgrzej piekarnik do 350'F.
g) Natłuścić formę do tarty o średnicy 9 cali z wyjmowanym dnem.
h) Rozwałkuj ciasto na lekko posypanej mąką powierzchni roboczej na okrągły placek o grubości ⅛ cala. Przełóż ciasto do przygotowanej formy na tartę. Przytnij krawędzie.
i) Zamrażaj przez 15 minut. Wyłóż skórkę folią. Napełnij suszoną fasolą. Piec przez 15 minut.
j) Usuń folię i fasolę.
k) Piec, aż będą lekko złote na brzegach, około 15 minut.

DO NAPEŁNIENIA:

l) Doprowadź duży garnek wody do wrzenia. Dodaj szparagi i blanszuj przez 2 minuty. Odpływ. Przełożyć do miski z lodowatą wodą i ostudzić.

m) Odpływ. Rozgrzej olej na dużej, ciężkiej patelni na dużym ogniu. Dodaj paprykę i pory i smaż do miękkości, około 10 minut.

n) Przełożyć do miski. Wymieszaj ze szparagami.

o) Rozgrzej piekarnik do 350'F. Wymieszaj Gruyere z warzywami.

p) Przenieś mieszaninę na spód.

q) Posypać serem mozzarella. Piecz tartę, aż ser się roztopi, około 10 minut. Podawać na gorąco.

80. Serowa tarta śniadaniowa

Porcja: 1 porcja

SKŁADNIKI:
- Ciasto na 9-calowy placek; Użyj podstawowego ciasta na pierogi
- 8 uncji Ser szwajcarski lub Jarlsberg; pokroić na kawałki
- 1 funt Ser ricotta
- 3 Jajka
- 1 średni Cebula; drobno posiekane
- 2 Ząbki czosnku; prasowany
- ½ łyżeczki biały pieprz
- 2 średnie Dojrzałe pomidory wielkości; obrane i pokrojone w cienkie plasterki
- 1 łyżeczka Oliwa z oliwek z pierwszego tłoczenia
- 1 łyżka Świeżo posiekany szczypiorek
- 1 łyżka Posiekana pietruszka
- 1 łyżeczka Posiekany świeży tymianek;
- 1 łyżeczka Posiekana świeża bazylia;

INSTRUKCJE:
a) Rozgrzej piekarnik do 450 stopni. Użyj tortownicy o wymiarach 9 na 1 cal z wyjmowanym dnem. Obficie spryskaj sprayem do gotowania lub smarem.

b) Dociśnij ciasto, aby zmieściło się w blasze. Przytnij gładko około 1 cala poza krawędź patelni, a następnie złóż z powrotem na krawędzi i zaciśnij, aby uzyskać atrakcyjną i mocną karbowaną krawędź. Wyłóż patelnię folią aluminiową, którą spryskałeś sprayem do gotowania po obu stronach, a następnie umieść w niej szklaną patelnię o średnicy 8 lub 9 cali.

c) Odwróć zespół do góry dnem na blasze do pieczenia i piecz przez 9 minut. Wyjmij patelnię z piekarnika, odwróć i wyjmij blachę do ciasta i folię.

d) Wstaw ponownie do piekarnika i piecz jeszcze 5 minut. Zdejmij z góry i odłóż na bok. Obniż temperaturę piekarnika do 350 stopni. W blenderze lub misce robota kuchennego połącz Jarlsberg, ricottę, jajka, cebulę, czosnek i pieprz.

e) Mieszaj, aż będzie gładkie i dobrze wymieszane. Równomiernie wlej do upieczonej skorupy, umieść patelnię na blasze. Piec przez 25 do 30 minut, aż nadzienie będzie częściowo ścięte. W tym czasie odsączamy plastry pomidorów na ręcznikach papierowych. Wyjmij tartę z piekarnika.

f) Ułóż plasterki pomidora na wierzchu wokół krawędzi. Wstawić z powrotem do piekarnika i piec przez 30 do 35 minut, aż nóż wbity w środek wyjdzie czysty. Posmaruj pomidory oliwą z oliwek i posyp świeżymi ziołami. Łatwe stanie 20 minut. Zdejmij boki formy do tarty, naciskając do góry wyjmowane dno.

g) Ułóż na okrągłym talerzu, udekoruj świeżymi ziołami i podawaj.

81. Kremowa tarta z czosnkiem i serem

Porcje: 8 porcji

SKŁADNIKI:
- 1 Schłodzony spód ciasta
- 1 łyżeczka fluorek
- 3 uncje sera śmietankowego, zmiękczony
- 6 ½ uncji opakowanie czosnku i przypraw Kremowy ser do smarowania
- 2 łyżki stołowe Masło
- 3 Jajka
- ¼ łyżeczki tymianek
- ¼ łyżeczki Mielona czerwona papryka
- ½ szklanki Mleko lub gęsta śmietana

INSTRUKCJE:
a) Rozgrzej piekarnik do 375F.
b) Wyłóż naczynie do ciasta skórką; oprószyć lekko mąką.
c) Sery i masło utrzeć na gładką masę. Dodaj jajka, tymianek i czerwoną paprykę; ubić na jasną i kremową masę. Ubijaj mleko tylko do zmiksowania. Wlać do skorupy ciasta.
d) Piec w dolnej jednej trzeciej części piekarnika przez około 30 minut, aż będą lekkie i puszyste, a nóż będzie czysty. Jeśli za szybko się rumieni, na ostatnie 10 minut pieczenia przykryć folią.
e) Umieścić na metalowej podstawce i ostudzić do temperatury pokojowej.

82. Tarta serowa curry i chutney

Porcje: 24 porcje

SKŁADNIKI:
- 16 uncji sera śmietankowego
- 2 łyżeczki curry w proszku
- 2 łyżki stołowe Sherry
- 8 uncji Ser Cheddar; rozdrobnione
- 4 Szalotki; cienko pokrojony
- 9 uncji Słoik chutney

INSTRUKCJE:
a) Umieść nieopakowane opakowania serka śmietankowego w 2-litrowym szklanym miarze.
b) Mikrofale na średnim poziomie przez 2,5 minuty.
c) Zmieszaj z curry w proszku i sherry. Złóż Cheddar i ¾ cebuli; Dobrze wymieszać.
d) Nałóż mieszankę na półmisek do serwowania w 8-calowym kole.
e) Za pomocą szpatułki uformuj cierpki kształt, budując boki, jednocześnie wciskając górę.
f) Umieść chutney w blenderze i zmiksuj na jednolitą masę.
g) Wlać do wgłębienia na tartę serową. Schłodzić do jędrności.
h) Aby podać, udekoruj górę pozostałą cebulą.

83. Francuska tarta serowa

Porcje: 12 porcji

SKŁADNIKI:
- 2 kubki Mąka uniwersalna; nieprzesiane
- ¼ łyżeczki Sól
- ½ łyżeczki Proszek do pieczenia
- ⅔ szklanki Masło lub margaryna
- ⅓ szklanki Cukier granulowany
- 2 Żółtka
- 2 łyżki stołowe Ciężki krem
- ½ łyżeczki Skórka otarta z cytryny
- 4 łyżki Masło lub margaryna
- ⅔ szklanki Cukier granulowany
- 2 kubki Suchy twarożek
- 1 Żółtko jajka
- ¼ szklanki Ciężki krem
- ⅓ szklanki złote rodzynki
- ½ łyżeczki Skórka otarta z cytryny
- 1 Białko jajka; lekko pobity
- Cukier cukierników

INSTRUKCJE:
a) Do miski przesiej mąkę, sól i proszek do pieczenia.
b) Za pomocą miksera do ciasta posiekaj masło, aż mieszanina będzie przypominać grube okruchy.
c) Dodaj ⅓ szklanki cukru pudru, 2 żółtka, 2 łyżki śmietany i ½ łyżeczki skórki z cytryny; widelcem mieszamy, aż ciasto się zetnie.
d) Wyłożyć na lekko posypaną mąką powierzchnię; ugniataj, aż będzie gładkie, około 2 minut.
e) Uformować w kulkę; zawinąć w woskowany papier. Ciasto schładzamy przez 30 minut. Zrób ser
POŻYWNY:
f) W misce z mikserem elektrycznym na wysokich obrotach ubij masło, cukier puder i twaróg, aż dobrze się połączą, około 3 minut.

g) Dodaj żółtka i śmietanę; dobrze ubić. Wmieszaj rodzynki i skórkę z cytryny. Rozgrzej piekarnik do 350 F.

h) Lekko nasmarować forma do pieczenia 13x9x2 ". Podziel ciasto na pół.

i) Na lekko posypanej mąką powierzchni rozwałkuj połowę ciasta na prostokąt o wymiarach 13x9 cali.

j) Wyłożyć na dno przygotowanej formy. Wlać do nadzienia, równomiernie rozprowadzając.

k) Pozostałe ciasto podzielić na pół. Jedną połówkę kroimy na 5 równych kawałków.

l) Na desce zwiń każdy kawałek w pasek przypominający ołówek o długości 13 cali.

m) Ułóż te paski wzdłuż, w odległości 1½ cala od siebie podczas napełniania.

n) Z pozostałego ciasta uformuj wystarczającą liczbę pasków, aby pasowały po przekątnej, w odległości 1 ½ cala od siebie, wzdłuż podłużnych pasków.

o) Paski ciasta posmarować białkiem.

p) Piec przez 40 minut lub do uzyskania złotego koloru. Łatwe stanie przez 5 minut.

q) Następnie posyp cukrem pudrem i pokrój w 3-calowe kwadraty. Podawaj na ciepło.

84. Tarta z kozim serem i szpinakiem

Porcje: 8 porcji

SKŁADNIKI:
- ½ szklanki posiekana cebula
- 1 łyżka Oliwa z oliwek
- 3 filiżanki odszypułkowany i umyty szpinak
- 5 jajka
- 1½ szklanki świeży kozi ser
- 2 kubki ciężki krem
- 1 sól; dwa klucze
- 1 świeżo zmielony biały pieprz; dwa klucze
- 1 dziewięciocalowa wstępnie upieczona zwykła tarta skorupa
- 2 łyżki stołowe siekany szczypiorek
- 2 łyżki stołowe drobno pokrojona czerwona papryka

INSTRUKCJE:
a) Nagrzej piekarnik do 350 stopni. Na patelni smaż cebulę na oleju do miękkości, 5 minut; dodać szpinak, garść co godzinę, mieszając.
b) Gotuj, aż szpinak zwiędnie, puści płyn, a płyn odparuje.
c) Przełożyć do miski do ostygnięcia. W innej misce ubij jajka z kozim serem, aby dokładnie się połączyły, dodaj śmietanę i wymieszaj z schłodzoną mieszanką szpinaku; doprawić solą i pieprzem. Wypełnij tartą skorupkę. Piecz przez 30 minut, aż krem będzie mocno ścięty po bokach, ale nadal lekko wilgotny w środku.
d) Ostudzić na stojaku przez około 10 minut przed pokrojeniem w kliny. Podawać udekorowane posiekanym szczypiorkiem i pokrojoną w kostkę czerwoną papryką.

85. Złota tarta ananasowo-serowa

Porcje: 12 porcji

SKŁADNIKI:
- 2 kubki Mąka nieprzesiana
- ¼ łyżeczki Sól
- ½ łyżeczki Proszek do pieczenia
- ⅔ szklanki Masło lub margaryna
- ⅓ szklanki Cukier
- 2 Żółtka
- 2 łyżki stołowe Krem
- ½ łyżeczki Skórka otarta z cytryny
- 8 uncji Zmiażdżony ananas
- 4 łyżki Masło lub margaryna
- ⅔ szklanki Cukier
- 16 uncji Serek śmietankowy, zmiękczony
- 1 Żółtko jajka
- ¼ szklanki Ciężki krem
- ½ szklanki złote rodzynki
- 1 łyżeczka Skórka otarta z cytryny

INSTRUKCJE:
CIASTO:
a) W misce przesiej mąkę, sól i proszek do pieczenia.
b) Za pomocą miksera do ciasta posiekaj ⅔ szklanki masła, aż mieszanina będzie przypominać grube okruchy.
c) Dodać cukier, 2 żółtka, śmietanę i skórkę z cytryny.
d) Mieszaj rękami tylko do momentu, aż mieszanina się połączy. Mąkę i ugniatać przez około 2 minuty,
e) Ciasto schłodzić na woskowanym papierze przez 30 minut.
f) Odcedź ananasa i rozgrzej piekarnik do 350 stopni F. Nasmaruj 10-calową tortownicę.
g) Usuń bok patelni.
POŻYWNY:
h) W misce ubij masło, cukier i twaróg na wysokich obrotach, aż się połączą.

i) Dodaj żółtko i śmietanę. Wymieszaj z ananasem, rodzynkami i skórką z cytryny. Odłożyć na bok.
j) Umieść ¾ ciasta na dnie tortownicy.
k) Rozwałkuj ciasto, aby pasowało do formy. Piec 12 minut lub na złoty kolor; Fajny. Wymień stronę sprężyny z miski.
l) Wlej nadzienie na patelnię - równomiernie rozprowadź.
m) Wierzch nadzienia udekorować pozostałym ciastem .
n) Piec przez 40 minut lub do uzyskania złotego koloru. Chłodzić przez 10 minut. Posypać cukrem pudrem. Podawać na ciepło lub w temperaturze pokojowej. Przechowywać w lodówce.

86. Winogrona duch tarta porzeczkowa z serem fontina

Porcje: 8 porcji

SKŁADNIKI:
- ½ szklanki Gotująca się woda
- ¼ szklanki Suszone porzeczki
- 6 plasterków Biały chleb ¾ uncji każdy plasterek
- Spray do gotowania warzyw
- 1½ szklanki Odtłuszczone mleko; podzielony
- 1¼ szklanki Pokrojony w kostkę ser fontina 5 uncji
- 1¼ szklanki Beznasienne czerwone winogrona; połowa
- 2 łyżki stołowe Mąka uniwersalna
- ⅓ szklanki Cukier
- 2 łyżki stołowe Żółta mąka kukurydziana
- 1 łyżeczka Skórka otarta z cytryny
- 3 Białka; lekko pobity
- 1 Jajka; lekko pobity
- 1 łyżeczka Oliwa z oliwek z pierwszego tłoczenia
- 1 łyżka Cukier
- 2 łyżeczki Posiekany świeży rozmaryn

INSTRUKCJE:
a) Nagrzej piekarnik do 350 stopni.
b) Połącz wrzącą wodę i porzeczki; łatwe stanie przez 15 minut. Odcedź i odłóż na bok. Przytnij skórki z chleba; odrzucić skórki.
c) Pokrój każdy plasterek na 4 trójkąty; umieść trójkąty w jednej warstwie w 10-calowym naczyniu do quiche pokrytym sprayem do gotowania. Zalej chleb ½ szklanki mleka; łatwe stanie przez 5 minut. Posyp porzeczkami, serem i winogronami.
d) Umieść mąkę w misce i stopniowo dodawaj pozostałą 1 szklankę mleka, mieszając trzepaczką aż do połączenia.
e) Wymieszaj ⅓ szklanki cukru, mąkę kukurydzianą, skórkę z cytryny, białka i jajko; polać tartę. Tartę skropić olejem i posypać 1 łyżką cukru i rozmarynem.
f) Piec przez 45 minut lub do zestalenia; schłodzić bez problemu na metalowej podstawce

87. Tarty z serem ziołowym

Porcje: 24 porcje

SKŁADNIKI:
- ⅓ szklanki Drobna sucha bułka tarta lub drobno pokruszony zwieback
- 8 uncji Opakowanie serka śmietankowego, zmiękczonego
- ¾ szklanki Twarożek typu śmietankowego
- ½ szklanki Rozdrobniony szwajcarski ser
- 1 łyżka Mąka uniwersalna
- ¼ łyżeczki Bazylia suszona, rozdrobniona
- ⅛ łyżeczki Czosnek w proszku
- 2 Jajka
- nieprzywierająca powłoka w sprayu
- kwaśna śmietana
- pokrojone lub pokrojone dojrzałe oliwki bez pestek, czerwony kawior
- pieczona czerwona papryka

INSTRUKCJE:
a) W przypadku skórki spryskaj dwadzieścia cztery 1¾-calowe foremki na muffinki nieprzywierającą powłoką w sprayu.
b) Posyp bułkę tartą lub pokruszony zwieback na spód i boki, aby się pokryły.
c) Wstrząsnąć patelniami, aby usunąć nadmiar okruchów. Odłożyć na bok.
d) W małej misce miksera połącz ser śmietankowy, twarożek, ser szwajcarski, mąkę, bazylię i czosnek w proszku. Ubijaj mikserem elektrycznym na średnich obrotach, aż będzie puszysty.
e) Dodaj jajka; ubijać na niskich obrotach tylko do połączenia. Nie przebijaj.
f) Napełnij każdą wyłożoną okruchami foremkę na muffinki 1 łyżką mieszanki serowej. Piec w piekarniku o temperaturze 375 stopni F przez 15 minut lub do momentu, aż środki staną się ustawione.
g) Schłodzić w foremkach na stojakach z drutu przez 10 minut. Zdjąć z patelni.

h) Ostudzić dokładnie na stojakach z drutu.

i) Aby podać, posmaruj blaty kwaśną śmietaną. Udekoruj oliwkami, kawiorem, szczypiorkiem i/lub czerwoną papryką i wycinankami z oliwek. Porcje: 24 tarty.

j) Upiecz i ostudź tarty zgodnie z instrukcją, z wyjątkiem tego, że nie smaruj ich kwaśną śmietaną ani nie dekoruj.

k) Przykryć i schłodzić w lodówce do 48 godzin. Przed podaniem odstaw tarty na 30 minut w temperaturze pokojowej.

l) Posmarować kwaśną śmietaną i udekorować według przepisu.

88. Śródziemnomorska tarta serowa

Porcje: 12 porcji

SKŁADNIKI:
- 8 Arkusze mrożonego ciasta filo; rozmrożone
- ¼ szklanki Masło; stopiony
- ¼ szklanki Parmezan; tarty
- ½ szklanki Cebula; posiekana
- 1 łyżeczka Świeży rozmaryn; ucięte
- ¼ łyżeczki suszony rozmaryn, rozgnieciony)
- 1 łyżka Oliwa z oliwek
- 5 uncji Mrożony siekany szpinak; rozmrożone
- ⅓ szklanki Prażone orzeszki piniowe lub orzechy włoskie
- 1 Jajka
- 1 filiżanka Ser ricotta
- ½ szklanki Ser Feta; pokruszony
- ¼ szklanki Suszone pomidory w oleju; osuszony
- ¼ łyżeczki Grubo mielony pieprz
- 1 łyżka Parmezan; tarty

INSTRUKCJE:
a) Rozłóż filo; przykryj folią lub wilgotnym ręcznikiem, aby nie wyschły.
b) Na suchej powierzchni roboczej połóż jeden arkusz filo; posmarować masłem.
c) Przykryj kolejnym arkuszem filo, posmaruj masłem i posyp 1 łyżką parmezanu.
d) Powtórz z pozostałymi arkuszami filo, masłem i parmezanem.
e) Używając nożyc kuchennych, przytnij filo do koła o średnicy 11 cali.
f) Równomiernie rozłóż filo na przygotowanej patelni, fałdując je w razie potrzeby i uważając, aby nie podrzeć filo. Przykryj patelnię ręcznikiem parowym; odłożyć na bok.
g) Nadzienie: gotuj cebulę i rozmaryn na oliwie z oliwek w średnim rondlu, aż cebula zmięknie. Wymieszaj ze szpinakiem i orzeszkami pinii.

h) Rozłóż na wyściełanej filo wiosennej formie. Odłożyć na bok.
i) Lekko ubij jajka w misce. Wymieszaj z ricottą, fetą, pomidorami i pieprzem. Ostrożnie rozprowadź na mieszance szpinaku. Posypać 1 łyżką parmezanu.
j) Umieść tortownicę na płytkiej blasze do pieczenia na ruszcie piekarnika. Piec w piekarniku 350 przez 35 do 40 minut lub do momentu, aż środek po wstrząśnięciu będzie prawie ustawiony.
k) Schłodzić tartę w wiosennej formie na ruszcie przez 5 minut. Poluzuj boki patelni. Schłodzić jeszcze 15 do 30 minut. Przed podaniem zdejmij boki sprężyny z patelni. Podawaj na ciepło.

89. Tarty cytrynowo-serowe

Porcja: 1 porcja

SKŁADNIKI:
- ¼ szklanki Sok cytrynowy
- Skórka otarta z 1 ½ cytryny
- ½ szklanki Do tego 1 łyżka cukru
- 2 jajka; rytm
- ¼ szklanki Masło lub margaryna - Muszelki sera śmietankowego

---

- ½ szklanki Masło lub margaryna; zmiękczone
- 3 uncje Opakowanie serka śmietankowego; zmiękczone
- 1 filiżanka Mąka uniwersalna
- Bita śmietana

INSTRUKCJE:
a) Połącz sok z cytryny, skórkę i cukier na podwójnym kotle; wmieszać jajka i masło.
b) Gotować na wrzącej wodzie, ciągle mieszając, aż zgęstnieje.
c) Nadziewanie łyżką do muszli sera śmietankowego; udekorować bitą śmietaną.
d) Połącz masło i serek śmietankowy, mieszając do uzyskania gładkości; dodać mąkę, dobrze wymieszać. Schłodzić przez 1 godzinę.
e) Uformuj ciasto w 1-calowe kulki; umieść każdy w dobrze natłuszczonej miniaturowej foremce na muffinki, formując muszlę.
f) Piec w temperaturze 350 stopni przez 25 minut. Pozwól ostygnąć przed napełnieniem.

90. Tarta z serkiem papaja i orzechami makadamia

Porcje: 8 porcji

SKŁADNIKI:
- 2 kubki Mąka
- 6 uncji zimnych niesolonych kostek masła
- ¼ łyżeczki Sól
- ½ łyżeczki Cukier
- ⅓ szklanki Zimna woda
- 12 uncji Ser topiony
- 4 uncje Ciężka bita śmietana
- ½ szklanki Cukier puder
- ½ łyżeczki Ekstrakt waniliowy
- 1 Bardzo dojrzała papaja, obrana, pokrojona w plastry ¼ cala
- ½ szklanki Glazura brzoskwiniowa, roztopiona
- ½ szklanki Orzechy makadamia, prażone
- 8 uncji gorzkiej czekolady
- 8 uncji półsłodkiej czekolady
- 2½ szklanki Ciężki krem
- 4 łyżki Ciepła woda

INSTRUKCJE:
a) Przygotuj skorupę tarty - przesiej mąkę, sól i cukier. Pokryj kostki masła mieszanką mąki i wodą i ugniataj, aż będą plastyczne, ale nie jednorodne.
b) Pozostaw kawałki zwykłego masła, w przeciwnym razie ciasto stanie się zbyt elastyczne. Delikatnie rozwałkuj ciasto na grubość pół cala i ułóż na blasze do tarty. Przyciąć brzegi i nakłuć spód ciasta widelcem. Piec w piekarniku w temperaturze 350 stopni F przez około dziesięć minut lub do momentu, gdy tarta skorupa lekko się zrumieni. Chłod.
c) Przygotuj nadzienie z sera śmietankowego - Ubij śmietanę, aż utworzy miękkie szczyty. W mikserze ubij serek śmietankowy, aż stanie się puszysty. Dodać bitą śmietanę, cukier puder i ekstrakt waniliowy.
d) Odłożyć na bok.

e) Wypełnij skorupę tarty mieszanką serka śmietankowego.

f) Ułóż plastry papai w kształcie wiatraczka na wierzchu serka śmietankowego. Na środku tarty ułożyć orzechy makadamia. Pędzlem do ciasta posmaruj wierzch tarty brzoskwiniową glazurą. Przechowywać w lodówce przez ½ godziny przed podaniem.

g) Przygotuj sos czekoladowy - Podgrzej gorzką czekoladę, półsłodką czekoladę, ciężką śmietankę i ciepłą wodę w rondlu, często mieszając, aż sos będzie miał gładką konsystencję.

h) Do podania -- Pokrój tartę na 8 kawałków. Skrop sosem czekoladowym talerz i ułóż po jednym kawałku tarty na każdym talerzu.

91. Tarta z serem ricotta i szpinakiem

Porcje: 6 porcji

SKŁADNIKI:
- 14oz Mocna Zwykła Mąka
- 1 szczypta Sól
- 1 paczka Waitrose świeża bazylia i tymianek, posiekane
- 3 łyżki oliwy z oliwek
- 3 Jajka, bit
- Opakowanie 250 g Sera Ricotta
- Opakowanie 500 g mrożonego szpinaku pełnolistnego
- Świeżo starta gałka muszkatołowa
- 2 Jajka
- 1 ¾ uncji jądra sosny, prażone
- 1 Cytrynowy; skórka z
- 3 ½ uncji startego parmezanu
- Sól i świeżo mielony czarny pieprz
- Mleko do glazury

INSTRUKCJE:
a) Mąkę przesiać do miski, dodać sól i zioła.
b) Zrób studnię na środku. Dodać olej, a następnie stopniowo dodawać jajka.
c) Mieszaj do uzyskania gładkości, w razie potrzeby dodając trochę wody.
d) Wyrabiać przez 10 minut, następnie zawinąć w folię spożywczą i włożyć do lodówki na 30 minut.
e) Połącz wszystkie składniki nadzienia.
f) Na posypanej mąką powierzchni rozwałkuj dwie trzecie makaronu i użyj go do wyłożenia kwadratowej formy.
g) Nałóż farsz do makaronu i wygładź go tak, aby przykrył spód.
h) Rozwałkuj pozostały makaron i przykryj wierzch.
i) Zwilżyć i uszczelnić krawędzie niewielką ilością wody.
j) Odetnij nadmiar makaronu i posmaruj odrobiną mleka, nakłuj i umieść na środku nagrzanego piekarnika.
k) Piec w 400ºF przez 25-30 minut, aż wierzch będzie złoty.

92. Tarta serowa z południowego zachodu

Porcje: 8 porcji

SKŁADNIKI:
- 1 łyżka olej
- ½ szklanki posiekana czerwona papryka
- ½ szklanki posiekana cebula
- 1 łyżka mielony czosnek
- 1 łyżka mielona papryczka jalapeño
- 4 jajka
- 2 kubki ciężki krem
- 2 kubki ser jalapeno jack
- 1 filiżanka prażone ziarna kukurydzy; plus
- 1 dodatkowo prażone ziarno kukurydzy; do przybrania
- 1 filiżanka gotowana czarna fasola; spłukany
- ½ łyżeczki mielony kminek
- ¼ łyżeczki chili w proszku
- 1 sól; dwa klucze
- 1 świeżo zmielony biały pieprz; dwa klucze
- 1 dziewięciocalowa wstępnie upieczona tarta skorupa
- 1 serwująca pico de gallo
- 1 posiekana kolendra; do przybrania

INSTRUKCJE:
a) Na patelni rozgrzej olej i smaż paprykę, cebulę i czosnek do miękkości; odstawić do ostygnięcia.
b) W misce ubij jajka i śmietanę, aż się połączą; wymieszać z podsmażonymi warzywami i pozostałymi składnikami, doprawić przyprawami, solą i pieprzem. Wlać masę jajeczną do skorupy tarty i piec przez 30 minut lub do momentu, aż krem będzie twardy w dotyku.
c) Chwilę schłodzić przed krojeniem. Podawaj z Pico De Gallo, posypane prażonymi ziarnami kukurydzy i posiekaną kolendrą.

TARTA Z GRZYBAMI

93. Egzotyczna tarta z pieczarkami

Porcje: 8 porcji

SKŁADNIKI:
- 2½ szklanki Mąka; plus
- 2 łyżki stołowe Mąka
- 2 łyżeczki Sól
- ½ łyżeczki Cayenne
- 1 filiżanka Smalec
- 2 łyżki stołowe Lodowata woda
- 2 łyżki stołowe Masło
- ½ szklanki Zmielone cebule
- Sól; dwa klucze
- Świeżo mielony czarny pieprz; dwa klucze
- 4 filiżanki Pokrojone grzyby egzotyczne
- 2 łyżeczki Siekany czosnek
- 2 kubki Ciężki krem
- 3 jajka
- 1 odrobina ostrego sosu paprykowego
- 1 kreska sos Worcestershire
- 1 filiżanka Tarty biały ser cheddar
- 4 uncje Ser Parmigiano-Reggiano; ogolony
- 2 kubki Pędy grochowe

INSTRUKCJE:
a) Odrobina oliwy z białych trufli
b) W misce wymieszaj 2½ szklanki mąki, 2 łyżeczki soli i ¼ łyżeczki cayenne. Wcieraj smalec mikserem do ciasta, aż mieszanina będzie przypominać gruby posiłek.
c) Dodaj lodowatą wodę i mieszaj, aż ciasto zacznie odchodzić od ścianek miski. Z ciasta uformować kulę i przykryć folią spożywczą. Wstawić do lodówki i schładzać przez 1 godzinę.
d) Rozgrzej piekarnik do 350 stopni. Wyjąć ciasto z lodówki i odstawić na około 5 minut. Lekko oprósz powierzchnię roboczą pozostałą mąką. Rozwałkuj ciasto na 12-calowy okrągły placek o grubości około ¼ cala.

e) Złóż ciasto na czwarte i umieść je w 10-calowej blasze do tarty. Rzuć drewniany wałek na patelnię, aby odciąć nadmiar ciasta.

f) Cały spód ciasta nakłuwamy widelcem. W średnim rondlu, na średnim ogniu rozpuść masło. Dodaj cebulę. Dopraw solą i pieprzem. Smażyć przez 1 minutę. Dodaj grzyby. Dopraw solą i pieprzem.

g) Kontynuuj smażenie przez 3 do 4 minut lub do momentu, aż grzyby zwiędną.

h) Wymieszaj z czosnkiem i zdejmij z ognia. Całkowicie ostudzić. W misce ubij razem śmietanę i jajka. Dopraw ¾ łyżeczki soli, pieprzem, ostrym sosem paprykowym i sosem Worcestershire.

i) Dobrze wymieszaj. Wlej mieszankę grzybową do skorupy ciasta. Posyp serem pieczarki. Wlać kremową mieszankę na ser.

j) Piec, aż środek się zetnie, a wierzch będzie złoty, około 55 minut. Wyjmij z piekarnika i pozostaw do ostygnięcia na 5 minut przed pokrojeniem. W misce wymieszaj pędy grochu z oliwą truflową. Dopraw solą i pieprzem. Aby podać, umieść plasterek tarty na środku każdego talerza.

k) Udekoruj każdy stosem pędów grochu.

94. Delikatne tarty z pieczarkami

Porcje: 30 porcji

SKŁADNIKI:
- 1 funt Świeże Pieczarki
- 1 średni Cebula
- ½ szklanki Pietruszka; świeży
- ½ szklanki białe wino
- kropla Ostry sos paprykowy
- 4 ciasto filo; rozmrożone
- 6 łyżek Masło, stopione
- 4 uncje Ser Monterey jack; pokrojony w kostkę

INSTRUKCJE:
a) Rozgrzej piekarnik do 400.
b) Posiekaj pieczarki, cebulę i pietruszkę. Na dużej patelni połącz grzyby, cebulę, pietruszkę, wino i sos z ostrej papryki. Okładka.
c) Smaż przez 5-7 minut, aż pieczarki zmiękną, od czasu do czasu mieszając.
d) Odkryć i gotować do odparowania płynu. Fajny.
e) Lekko posmaruj 1 arkusz ciasta filo roztopionym masłem.
f) Umieść kolejny arkusz ciasta na pierwszym arkuszu.
g) Posmarować masłem. Powtórz z pozostałym ciastem i masłem.
h) Pokrój stos na kwadraty o boku 2 - ½ cala.
i) Delikatnie wciśnij każdy kawałek do nienatłuszczonej formy na mini muffinki.
j) Umieść około 2 łyżeczki mieszanki grzybowej w każdej filiżance. Na każdym połóż kostkę sera.
k) Piec przez 15 - 18 minut lub do jasnobrązowego koloru. Podawaj na ciepło.

95. Grillowana tarta z bakłażanem i pieczarkami

Porcje: 8 porcji

SKŁADNIKI:
- Spray do gotowania
- 1 duży Bakłażan; obrane i pokrojone w plastry ½ "
- 6 dużych Ziemniaki; obrane i pokrojone w plastry ½ "
- 6 dużych Pieczarki Portabella; kapelusze i łodygi oddzielone, kapelusze pozostawione w całości, łodygi pokrojone w plastry
- Oliwa z oliwek do posmarowania
- 1 łyżka Oliwa z oliwek; na bułkę tartą
- Sól i pieprz
- ¼ szklanki Pietruszka; posiekana
- ¼ szklanki bazylia; julienne
- ¾ szklanki tarty świeży parmezan; czy Pecorino Romano
- 1 filiżanka Świeża bułka tarta
- 1 łyżka Oliwa z oliwek
- 1 mały Cebula; mielony
- 1 łodyga selera; mielony
- 4 duże Pomidory; z pestkami i grubo posiekane
- ½ szklanki Starte marchewki
- 1 łyżeczka Świeży tymianek; lub ½ łyżeczki suszonego tymianku
- 1 łyżeczka Świeży sok z cytryny
- 2 łyżeczki Świeża pietruszka; posiekana

INSTRUKCJE:
a) Make Relish: Podgrzej olej w niereaktywnym rondlu. Wymieszać cebulę i seler i smażyć na średnim ogniu przez 3 minuty.
b) Wymieszaj pomidory, marchewkę, tymianek oraz sól i pieprz do smaku. Delikatnie gotuj na wolnym ogniu, aż większość płynu odparuje. Zdjąć z ognia.
c) Tuż przed podaniem podgrzej relish. Zdjąć z ognia i wymieszać z sokiem z cytryny i pietruszką.

d) Dobrze spryskaj ruszt grilla sprayem do gotowania. Rozgrzej grill do średnio-wysokiej temperatury. Posmaruj bakłażana, ziemniaki i grzyby oliwą z oliwek i dopraw z obu stron solą i pieprzem.

e) Spryskaj dobrze 9-calową formę do ciasta lub patelnię do tart sprayem do gotowania. Podgrzej patelnię w piekarniku lub na grillu, jeśli jest wystarczająco duży. Trzymaj ciepło.

f) Grilluj wszystkie warzywa z obu stron, aż się ładnie zarumienią i zmiękną. Kapelusze pieczarek pokroić w cienkie plasterki. Ułożyć warstwy ciasta lub tarty - bakłażan, ziemniak, grzyb, posypując natką pietruszki, bazylią i tartym serem pomiędzy każdą warstwą warzyw. Trzymaj się ciepło.

g) Na małej patelni rozgrzej 3 łyżki oliwy z oliwek na średnim ogniu, aż będzie gorąca. Dodaj bułkę tartą i smaż na złoty kolor.

h) Górna tarta z bułką tartą. Podawaj natychmiast z małą porcją sosu pomidorowego pod każdym kawałkiem.

96. Tarty filo z pieczarkami

Porcje: 4 porcje

SKŁADNIKI:
- ¾ szklanki Śmietana mleczna
- 3 uncje sera śmietankowego; zmiękczone
- ¼ szklanki Bułka tarta
- 1 łyżka Suszony koperek
- ½ łyżeczki Sól
- 1 łyżka Sok cytrynowy
- 4,5 uncji zielonych gigantycznych pieczarek pokrojonych w plasterki
- 1 Ząbki czosnku; mielony
- ½ szklanki Masło lub margaryna
- 8 Arkusze mrożonego ciasta filo

INSTRUKCJE:
a) Rozgrzej piekarnik do 350 stopni.
b) W misce połącz śmietanę, serek, bułkę tartą, koperek, sól i sok z cytryny; dobrze wymieszać. Wymieszaj pokrojone pieczarki. Odłożyć na bok.
c) Aby zrobić masło czosnkowe, na małej patelni na małym ogniu gotuj czosnek na maśle do miękkości, ciągle mieszając. Pokryj 16 foremek na muffinki masłem czosnkowym. Odłożyć na bok.
d) Posmaruj dużą blachę do ciastek masłem czosnkowym. Rozwiń arkusze filo; przykryć folią lub ręcznikiem. Lekko posmaruj jeden arkusz filo masłem czosnkowym; ułożyć na wysmarowanej masłem blaszce.
e) Delikatnie posmaruj drugi arkusz filo masłem czosnkowym; połóż na wierzchu pierwszego posmarowanego masłem arkusza. Powtórz z pozostałymi arkuszami filo. Ostrym nożem przetnij wszystkie warstwy arkuszy filo, aby uzyskać 16 prostokątów.
f) Lekko wciśnij każdy prostokąt do wysmarowanej masłem czosnkowym foremki na muffinki. Do każdej filiżanki wlej czubatą łyżkę kwaśnej śmietany. Na każdym ułożyć cały grzyb, wciskając łodygę w nadzienie. Skrop pozostałym masłem czosnkowym.

g) Piec w temperaturze 350 stopni przez 18-20 minut lub do uzyskania jasnozłotego koloru.

97. Tarta z pieczarkami dymnymi

Porcje: 8 porcji

SKŁADNIKI:
- ⅓ CIASTO MAŚLANE
- 1 Białko jajka, lekko ubite
- 2 łyżki stołowe Masło
- 10 uncji Świeże pieczarki, pokrojone
- 7 uncji Grzyby shitake, łodygi odrzucone
- Pieczarki kacze pokrojone w plastry
- 1 łyżka Posiekany świeży czosnek
- 2 łyżeczki Suszone oregano, rozgniecione
- ⅛ łyżeczki Zmielony czarny pieprz
- ½ funta Wędzony ser mozzarella, cienko pokrojony
- 2 łyżki stołowe Tarty asiago lub parmezan
- ⅓ szklanki Kawałki orzecha włoskiego
- 1 łyżka Posiekana natka pietruszki

INSTRUKCJE:
a) Rozgrzej piekarnik do 400 F. Na lekko posypanej mąką powierzchni rozwałkuj ciasto na 14-calowy okrąg.
b) Przenieś do 11-calowej formy do tarty z wyjmowanym dnem.
c) Przytnij krawędzie; nakłuć spód zębami widelca.
d) Spód ciasta wyłożyć folią i obciążnikami do ciasta, suszoną fasolą lub surowym ryżem. Piec przez 15 minut.
e) Usuń folię i ciężarki.
f) Piecz 5 do 6 minut dłużej lub tylko do momentu, aż ciasto zacznie się złocić. Posmarować białkiem; piec 1 minutę dłużej.
g) Całkowicie ostudzić na stojaku z drutu. Na dużej patelni rozpuść masło na średnim ogniu.
h) Dodaj pieczarki, czosnek, oregano i pieprz.
i) Smaż, aż grzyby będą złote, a płyn odparuje, około 8 minut; schłodzić do temperatury pokojowej.
j) Spód tarty przykryj mozzarellą, wycinając plastry, aby wypełnić puste miejsca.

k) Na wierzchu udekoruj mieszanką pieczarek, a następnie posyp asiago i orzechami włoskimi.

l) Piec przez 20 minut. Ostudź przez 5 minut na ruszcie przed zdjęciem pierścienia zewnętrznego. Podawaj na ciepło.

98. Potrójna tarta z pieczarkami

Porcje: 10 porcji

SKŁADNIKI:
- 1 Nieupieczone ciasto z lodówki Skorupa
- 1 filiżanka Siekany świeży shiitake Grzyby
- 1 filiżanka Pokrojony świeży biały lub brązowy Grzyby
- 1 filiżanka Posiekane świeże ostrygi Grzyby
- ¼ łyżeczki Suszony majeranek
- 2 łyżki stołowe Masło
- ¾ szklanki Rozdrobniony ser Gruyere
- ¾ szklanki Rozdrobniony szwajcarski ser
- ½ szklanki Siekany bekon kanadyjski
- 2 Jajka, lekko ubite
- ½ szklanki mleko
- 1 łyżka Posiekany świeży szczypiorek
- Boczek kanadyjski, pokrojony w cienkie plasterki
- Kliny, opcjonalnie

INSTRUKCJE:
a) Wciśnij ciasto do 9-calowej formy do tarty z wyjmowanym dnem. Flet; równo przyciąć szczyt. Wyłożyć podwójną warstwą folii; piec w 450F. 8 minut.
b) Zdejmij folię i kontynuuj pieczenie przez 4-5 minut, aż się zetnie i wyschnie.
c) Skręć powyżej dwóch 375F.
d) Gotuj grzyby do miękkości na maśle, 4-5 minut, aż płyn odparuje.
e) Zdjąć z ognia.
f) Zmiksuj gruyere, szwajcarskie sery i kanadyjski bekon.
g) Dodaj grzyby, mleko, jajka i szczypiorek. Wylać na tarty spód.
h) Pieczemy około 20 minut, aż się zezłocą i zezłocą.
i) Schłodzić na patelni na stojaku z drutu przez 10-15 minut. Usunąć.
j) Pokrój w kliny i udekoruj klinami bekonu kanadyjskiego.

99. Tarta z grzybami leśnymi i kozim serem

Porcje: 2 porcje

SKŁADNIKI:
- 375 gramów gotowego ciasta francuskiego
- 1 Jajka; rytm
- 50 gramów Masło
- 250 gramów Mieszanka Pieczarkowa str
- 2 duże Ząbek czosnku
- 1 mały Pęczek pietruszki płaskolistnej
- 1 łyżka Ocet balsamiczny
- 150 gramów kremowego koziego sera
- 2 łyżki stołowe Oliwa z oliwek
- 100 gramów pomidory koktajlowe
- 1 Cytrynowy
- 1 mały pęczek bazylii
- 100 gramów liści szpinaku baby

INSTRUKCJE:
a) Rozgrzej piekarnik do 220c/425f/gaz 7.
b) Umieść ciasto na lekko posypanej mąką powierzchni, wytnij dwa prostokąty o wymiarach 12x15 cm/5"x6" i umieść je na nieprzywierającej blasze do pieczenia.
c) Posmaruj roztrzepanym jajkiem i ostrym nożem zaznacz 1 cm brzeg wewnątrz każdej tarty.
d) Cały środkowy prostokąt nakłuć widelcem i piec w piekarniku przez osiem minut, aż ładnie wyrośnie i będzie złocisty.
e) Rozgrzej dużą patelnię z masłem. Z grubsza pokrój grzyby na kawałki wielkości kęsa. Drobno posiekaj czosnek i dodaj do pieczarek. Smaż przez 3-4 minuty, aż będą ugotowane i złociste.
f) Z grubsza posiekaj natkę pietruszki, dodaj połowę octu balsamicznego i gotuj przez minutę. Doprawiamy solą i pieprzem i rezerwujemy. Umieść kozi ser w misce, dodaj pozostałą pietruszkę i dobrze wymieszaj. Doprawić pieprzem.

g) Ciasto wyjąć z piekarnika. Ostrożnie natnij wokół wewnętrznego prostokąta ciasta i za pomocą plastra ryby spłaszcz środkowy kawałek ciasta.

h) Ponownie włóż ciasto do piekarnika na kolejne 4-5 minut, aż będzie upieczone i złociste.

i) Sałatka: Na małej patelni rozgrzej oliwę z oliwek. Pomidorki koktajlowe przekroić na pół i dodać na patelnię ze skórką z cytryny i odrobiną soku. Dobrze wymieszaj i dopraw solą i pieprzem.

j) Włóż szpinak do miski i polej ciepłym dressingiem.

k) Wyjąć tarty z piekarnika, posypać kozim serem i położyć ciepłe grzyby. Przełożyć na talerz i podawać z sałatką.

100. Tarta z grzybami leśnymi i pecorino

Porcja: 1 porcja

SKŁADNIKI:
- 3 łyżki Oliwa z oliwek
- 2 Garść mieszanych grzybów leśnych
- 1 duży Goździki i czosnek; drobno posiekane
- ¼ Cytrynowy; skórka z
- 2 łyżki stołowe płaska pietruszka; grubo posiekane
- 2 Arkusze ciasta francuskiego
- Grubość 2 zapałek
- 75 gramów Młody ser pecorino; cienko pokrojony

INSTRUKCJE:
a) Rozgrzej piekarnik do 200C.
b) Na patelni rozgrzewamy oliwę z oliwek, dodajemy grzyby, doprawiamy i smażymy szybko, aż się zeszklą.
c) Wmieszaj czosnek, skórkę z cytryny i pietruszkę. Zdjąć z ognia i odstawić.
d) Natłuścić blachę do pieczenia. Ułożyć na nim dwa arkusze ciasta. Umieść grzyby w warstwie na środku każdego arkusza. Przenieś do piekarnika i piecz przez 20-25 minut lub do uzyskania złotego koloru.
e) Wyjąć z piekarnika, posypać pecorino i ponownie wstawić do piekarnika na 3-4 minuty. Wyjmij i podawaj natychmiast.

WNIOSEK

Cieszenie się kupionymi w sklepie tartami to jedna z prostych przyjemności życiowych, ale myśl o próbie samodzielnego upieczenia tarty może wydawać się zniechęcającym zadaniem, zwłaszcza jeśli próbowałeś tylko robić ciasteczka i ciasteczka. Jeśli chcesz spróbować zrobić tarty, ale nie wiesz, od czego zacząć, ta KSIĄŻKA KUCHARSKA przeprowadzi Cię przez rodzaje tart i przepisy, których będziesz potrzebować, aby zacząć. Cieszyć się!

Ingram Content Group UK Ltd.
Milton Keynes UK
UKHW020622210623
423802UK00010B/135